Benesse

マンガでわかる!

小学生が身につけたい!
考えるチカラ

体と心のしくみって?

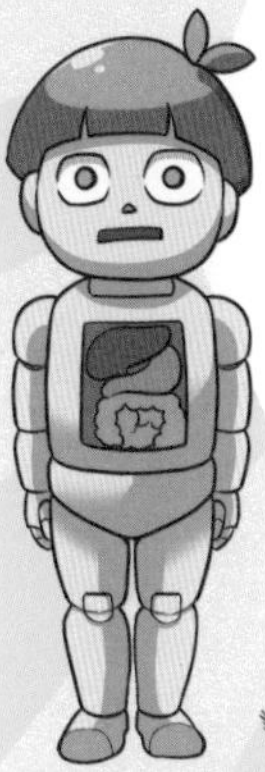

監修 木村翔太
東京学芸大学附属世田谷小学校教諭

サンキュ! 特別編集

はじめに

「体《からだ》と心《こころ》」のしくみについて考《かん》えてみよう

みんながふだん見《み》ている時計《とけい》。
実《じつ》はあの時計《とけい》の中《なか》では何十《なんじゅう》、何百《なんびゃく》という
たくさんの部品《ぶひん》が組《く》み合《あ》わさっていて、
その一《ひと》つひとつが役割《やくわり》を持《も》ち、
協力《きょうりょく》し合《あ》って動《うご》いているんだ。すごいよね！

でも、もっとすごいものが実《じつ》はみんなの身近《みぢか》にある。
それは、今《いま》この本《ほん》を持《も》っている手《て》、
この文章《ぶんしょう》を見《み》ている目《め》、そして考《かん》えている頭《あたま》。

そう、つまりみんなの「体《からだ》」だ！
時計《とけい》は時間《じかん》を教《かぞ》えることができるけど、
人間《にんげん》の体《からだ》はどんなことができる？
歩《ある》く、投《な》げる、書《か》く、食《た》べる、聞《き》く、笑《わら》う……。
すごくたくさんのことができる。

そして、人間《にんげん》には「心《こころ》」っていうものもある。
喜《よろこ》んだり、おこったり、悲《かな》しんだり……。
人《ひと》それぞれにちがう心《こころ》の動《うご》きがある。

「人間《にんげん》の体《からだ》と心《こころ》って、いったいどうなっているんだろう？」
この本《ほん》は、そんな人間《にんげん》の体《からだ》と心《こころ》を機械《きかい》でつくり出《だ》そうとして
がんばる子《こ》どもたちのお話《はなし》です。
みんなも「体《からだ》と心《こころ》」についていっしょに考《かんが》えていこう！

木《き》村《むら》翔《しょう》太《た》

目《もく》次《じ》

第《だい》2章《しょう》 「食《た》べる」しくみって？

第《だい》3章《しょう》「五感《ごかん》」ってなに？

第《だい》4章《しょう》「自分《じぶん》で判断《はんだん》」するには？

第《だい》5章《しょう》 心《こころ》と気持《きも》ち

プロローグ

友《とも》だちが欲《ほ》しい!

キーン
コーン
カーン
コーン…
あいつ、変《か》わってるよね…
ヒソ ヒソ
遠足《えんそく》のときも弁当《べんとう》ひとりで食《た》べてたぜ
ぽつん
…
サン
…なんでいつもひとりぼっちになっちゃうんだろう
いっしょに遊《あそ》べる友《とも》だちがほしいな…
ハァ〜
L《エル》研究所《けんきゅうじょ》
L研究所

こんにちは～
みんな いないの？
ぬぅ～
だれだー!!
研究所《けんきゅうじょ》に しのびこんで るのは！
リラの 声《こえ》だ
な～んだ！ びっくり させようと したのに
リアクションが うすいのだ～
うすいノダ～
ラブ
リラ
やあ、サン。 いらっしゃい
ドタ
バタ
あ！ おじいちゃん
ルカ博士《はかせ》

ルカ博士《はかせ》はあいかわらずいそがしそうだね
バタン
いそがし いそがし
おじいちゃんは研究熱心《けんきゅうねっしん》なのだ！
ピクッ
ところでリラは今日《きょう》も学校《がっこう》サボり？
ワタシは家《いえ》で好《す》きなこと勉強《べんきょう》してるから！学校《がっこう》なんて行《い》かなくていいのだ
イイノダ！
リラが来《き》てくれないと、ボクひとりぼっちなんだ
なんでボクには友《とも》だちができないのか知《し》りたいんだよ
プププ‥
それでワタシに悩《なや》み相談《そうだん》？
……リラ！これは何《なに》…？
それはおじいちゃんが作《つく》った**アンドロイド**なのだ！

なんだ、ロボットか…
ロボットじゃなくて、アンドロイド！
どうちがうの？
ロボットって、昔《むかし》から世《よ》の中《なか》にたくさんあるのだ
工業用《こうぎょうよう》ロボット
介護用《かいごよう》ロボット
でも、人間《にんげん》そっくりで社会《しゃかい》になじんで生《い》きていけるようなモノ
それが**アンドロイド**なのだ！
ルカ博士《はかせ》は、すでに3体《たい》もアンドロイドをつくっているのデース！
サン、**友《とも》だちが欲《ほ》しいって**言《い》ってたよね？
ワタシが人間《にんげん》そっくりで、しかも人間《にんげん》より優《すぐ》れた友《とも》だちをつくってあげるのだ！
この天才少女《てんさいしょうじょ》に任《まか》せなさい！
えー！ほんと!?
マカセナサイ
ばーーん

登場《とうじょう》するキャラクター

アンドロイドに
ムダな機能《きのう》は
いらないのだ

リラ

サンと同《おな》い年《どし》の天才発明少女《てんさいはつめいしょうじょ》。学《がっ》校《こう》に通《かよ》わず、L研究所《エルけんきゅうじょ》でアンドロイドをつくるために人間《にんげん》の「体《からだ》と心《こころ》」をてっ底的《ていてき》に勉強中《べんきょうちゅう》。

友《とも》だちが欲《ほ》しいんだ

サン

クラスでなぜかひとりぼっちになってしまう小学生《しょうがくせい》。いっしょに遊《あそ》べるアンドロイドの友《とも》だちを、リラといっしょにつくっていく。

ラブ

人間《にんげん》の体《からだ》と心《こころ》の
しくみは面白《おもしろ》いぞ!

ルカ博士《はかせ》

L研究所《エルけんきゅうじょ》の所長《しょちょう》で偉大《いだい》な発明家《はつめいか》。友《とも》だちアンドロイドの開発《かいはつ》をする孫《まご》のリラをやさしく見守《みまも》っている。L研究所《エルけんきゅうじょ》でオウムのラブをかっている。

こんにちは

アンドロイド

リラがサンのためにつくっている友《とも》だちアンドロイド。

第《だい》1章《しょう》

体《からだ》はどうやって動《うご》くの？

人間《にんげん》そっくりのアンドロイドにできる?

アンドロイドをつくるためにはまず、
〝人間《にんげん》ってどんな体《からだ》をしているのか〟ということから考《かんが》えなきゃいけないのだ
なるほどーさすがリラ!
どいたどいた〜!
わあっ
ガシャーン
あの〝そうじロボット〟は人間《にんげん》そっくりって思《おも》う?

うーん、そうじはしてくれるけど…。人間《にんげん》とは形《かたち》が全然《ぜんぜん》ちがう
そうなのだ！
人《ひと》の体《からだ》つきと動《うご》きには関係《かんけい》があるのだ！
人間《にんげん》そっくりのアンドロイドをつくるために
まずは人間《にんげん》の体《からだ》の設計図《せっけいず》を見《み》てみるのだ！

人間《にんげん》ってどんな体《からだ》をしているの？

人間《にんげん》の体《からだ》には、頭《あたま》があってどう体《たい》に手足《てあし》がついているよね
見《み》えるところだけじゃなく体《からだ》の中《なか》には骨《ほね》や筋肉《きんにく》、内臓《ないぞう》がぎっしりつまっているのだ
つまっているのデース！
なるほど！ それに皮《ひ》ふやかみの毛《け》も体《からだ》の一部《いちぶ》だよね
そのとおり！ざっとこんな感《かん》じなのだ

ファイル.1

人間《にんげん》の体《からだ》

見《み》えないけれど、体《からだ》の中《なか》にはすごい機能《きのう》があるのデース

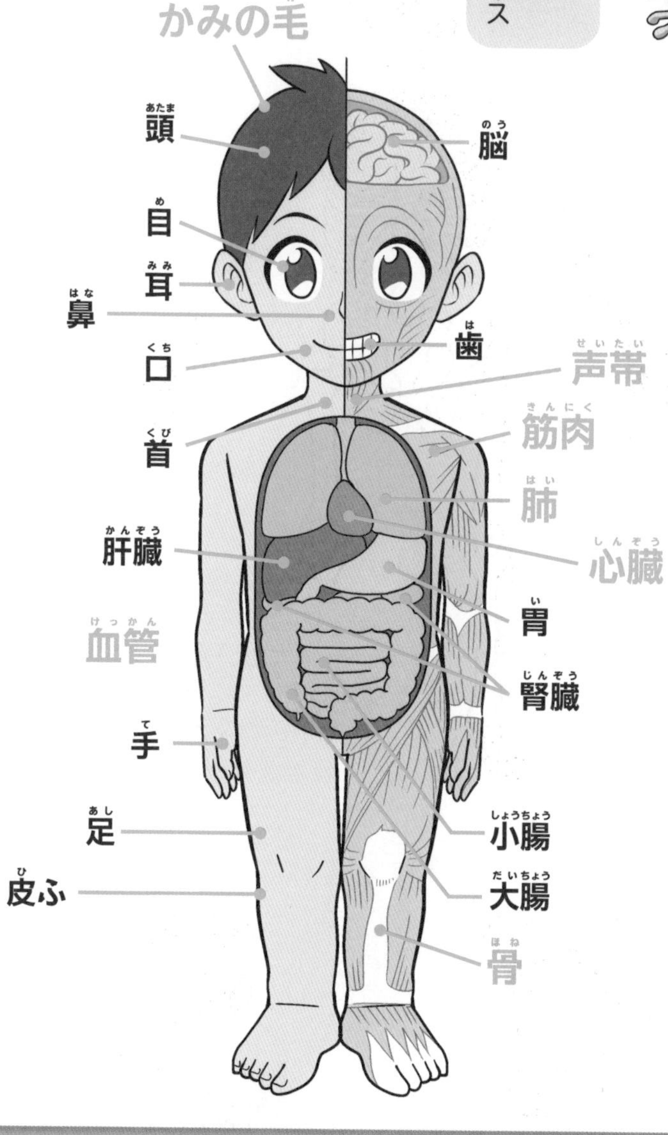
かみの毛《け》
頭《あたま》
目《め》
耳《みみ》
鼻《はな》
口《くち》
首《くび》
肝臓《かんぞう》
血管《けっかん》
手《て》
足《あし》
皮《ひ》ふ
脳《のう》
歯《は》
声帯《せいたい》
筋肉《きんにく》
肺《はい》
心臓《しんぞう》
胃《い》
腎臓《じんぞう》
小腸《しょうちょう》
大腸《だいちょう》
骨《ほね》

骨《ほね》って何《なん》のためにあるの？

骨《ほね》

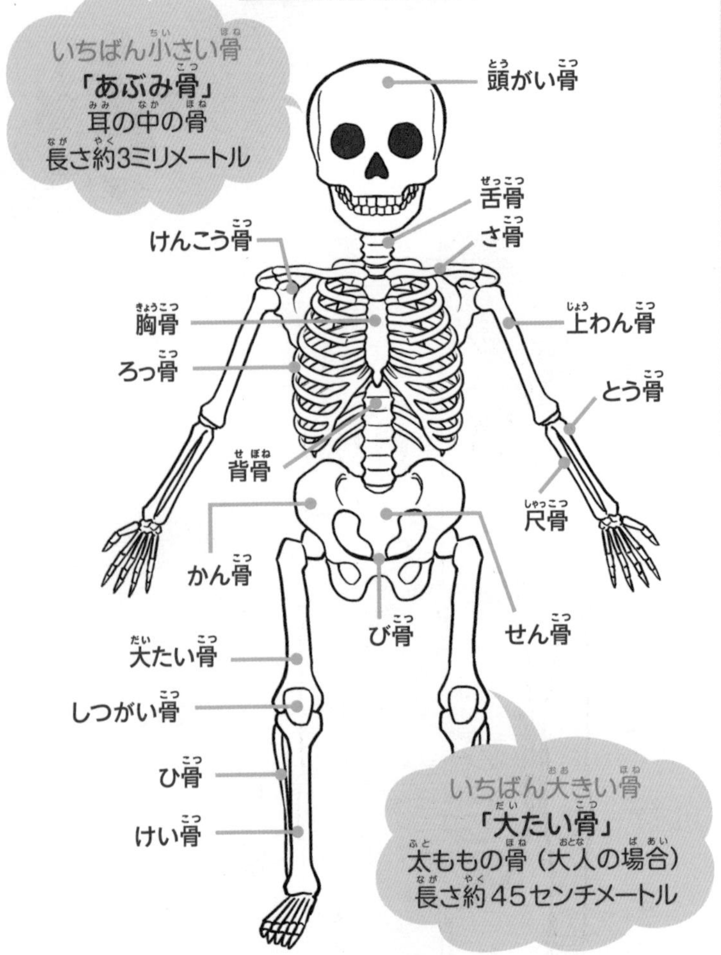

いちばん小《ちい》さい骨《ほね》
「あぶみ骨《こつ》」
耳《みみ》の中《なか》の骨《ほね》
長《なが》さ約《やく》3ミリメートル
頭《とう》がい骨《こつ》
舌骨《ぜっこつ》
さ骨《こつ》
けんこう骨《こつ》
胸骨《きょうこつ》
上《じょう》わん骨《こつ》
ろっ骨《こつ》
とう骨《こつ》
背骨《せぼね》
尺骨《しゃっこつ》
かん骨《こつ》
び骨《こつ》
せん骨《こつ》
大《だい》たい骨《こつ》
しつがい骨《こつ》
ひ骨《こつ》
けい骨《こつ》
いちばん大《おお》きい骨《ほね》
「大《だい》たい骨《こつ》」
太《ふと》ももの骨《ほね》（大人《おとな》の場合《ばあい》）
長《なが》さ約《やく》45センチメートル

人間《にんげん》にはだいたい200個《こ》の骨《ほね》があるのだ
骨《ほね》の役割《やくわり》って何《なん》だろう？

骨《ほね》の役割《やくわり》

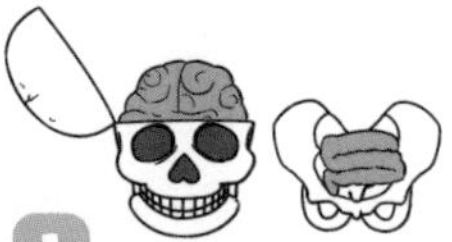

1

臓器《ぞうき》を保護《ほご》する

外《そと》のしげきから脳《のう》や内《ない》臓《ぞう》を守《まも》る。

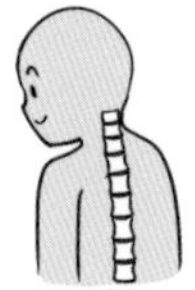

2

体《からだ》を支《ささ》える

体《からだ》の支柱《しちゅう》となり、頭《あたま》やどうなどを支《ささ》える。

3

運動《うんどう》する

関節《かんせつ》（曲《ま》がる部分《ぶぶん》）によって、いろいろな動《うご》きをする。

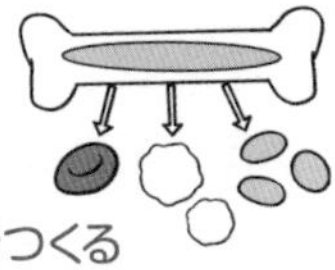

4

血《ち》をつくる

骨《こつ》ずい（骨《ほね》の中心部分《ちゅうしんぶぶん》）で赤血球《せっけっきゅう》や白血球《はっけっきゅう》、血《けっ》小板《しょうばん》がつくられる。

※くわしくは32ページ

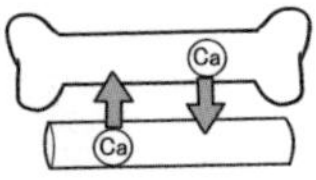
Ca
Ca

5

カルシウムをたくわえる

カルシウムが足《た》りなくなったときのためにためておく倉庫《そうこ》。

骨《ほね》は、体《からだ》を支《ささ》え、脳《のう》や内臓《ないぞう》を守《まも》っているのだ

骨《ほね》がなかったら、ぐにゃぐにゃのクラゲのようになってしまうのデース

骨《ほね》と筋肉《きんにく》を使《つか》って体《からだ》を動《うご》かすことができるんだね

骨《ほね》の中《なか》で血液《けつえき》がつくられていることも忘《わす》れてはならんぞ

もう！おじいちゃんてば
わかってるってば、ちょっと言《い》い忘《わす》れただけなのだ！

クイズ

ろっ骨《こつ》は何本《なんぼん》ある？

❶ 6本《ぼん》
❷ 12本《ほん》
❸ 24本《ほん》

自分《じぶん》のあばらをさわってみるのデース

答《こた》えは21ページにあるよ。

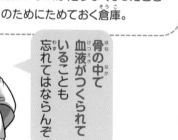

筋《き》肉《にく》はどうしてあるの？

筋肉《きんにく》

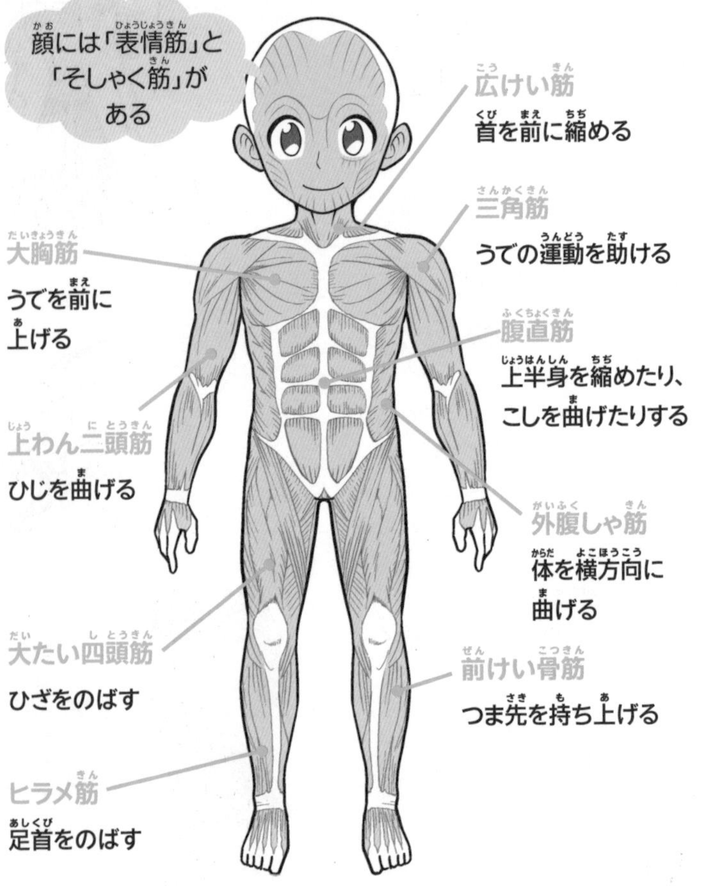
顔《かお》には「表情筋《ひょうじょうきん》」と
「そしゃく筋《きん》」が
ある
広《こう》けい筋《きん》
首《くび》を前《まえ》に縮《ちぢ》める
三角筋《さんかくきん》
うでの運動《うんどう》を助《たす》ける
大胸筋《だいきょうきん》
うでを前《まえ》に
上《あ》げる
腹直筋《ふくちょくきん》
上半身《じょうはんしん》を縮《ちぢ》めたり、
こしを曲《ま》げたりする
上《じょう》わん二頭筋《にとうきん》
ひじを曲《ま》げる
外腹《がいふく》しゃ筋《きん》
体《からだ》を横方向《よこほうこう》に
曲《ま》げる
大《だい》たい四頭筋《しとうきん》
ひざをのばす
前《ぜん》けい骨筋《こつきん》
つま先《さき》を持《も》ち上《あ》げる
ヒラメ筋《きん》
足首《あしくび》をのばす

人間《にんげん》の体《からだ》には、350種類《しゅるい》、650個《こ》くらいの筋肉《きんにく》があるのだ
骨《ほね》には筋肉《きんにく》がついているんだよね。骨《ほね》をどうやって動《うご》かしているのかな?

骨格筋《こっかくきん》

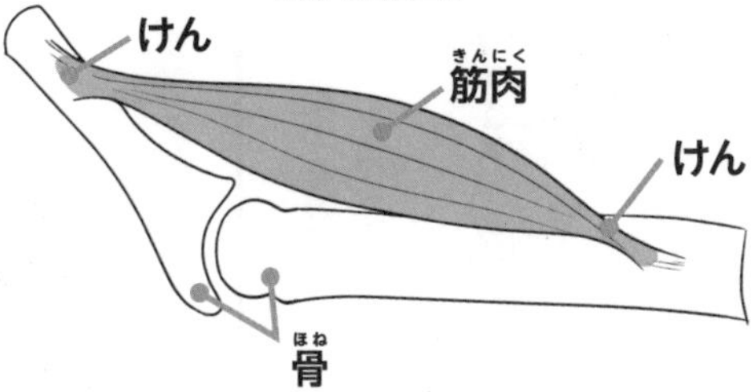
けん
筋肉《きんにく》
けん
骨《ほね》

骨《ほね》と骨《ほね》をつなぐ筋肉《きんにく》を骨格筋《こっかくきん》というのだ。のび縮《ちぢ》みさせることで体《からだ》を動《うご》かせるのだ

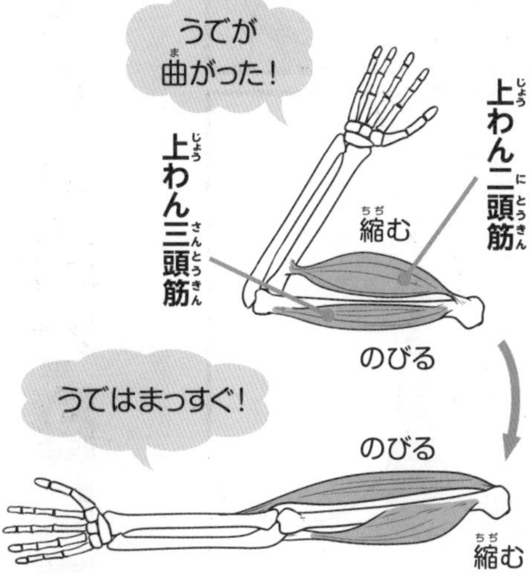
うでが曲《ま》がった!
上《じょう》わん二《に》頭《とう》筋《きん》
縮《ちぢ》む
上《じょう》わん三《さん》頭《とう》筋《きん》
のびる
うではまっすぐ!
のびる
縮《ちぢ》む

自分《じぶん》の体《からだ》で確《たし》かめてみよう!

うでを曲《ま》げのばしすると、どこの筋肉《きんにく》が動《うご》いているかな?

手《て》には細《こま》かい骨《ほね》と筋肉《きんにく》があるから、細《こま》かい作業《さぎょう》ができるんだね

関節《かんせつ》の構造《こうぞう》

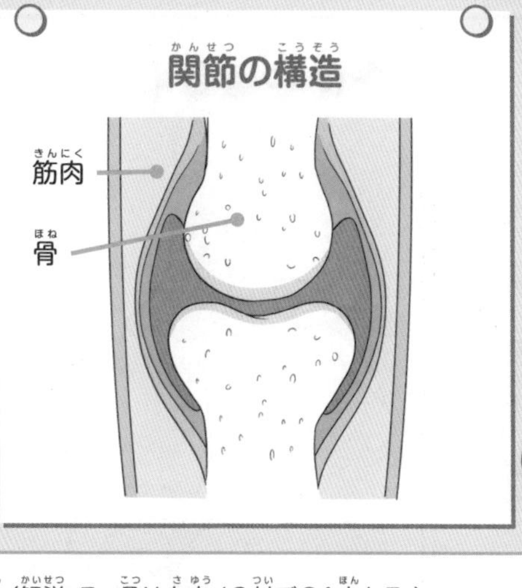
筋肉《きんにく》
骨《ほね》

骨《ほね》と筋肉《きんにく》がセットになっているから、体《からだ》を曲《ま》げたり回《まわ》したり、スムーズに動《うご》かせるんだね

そして、骨《ほね》と骨《ほね》の間《あいだ》をつないでいるのが**関節《かんせつ》**なのデース

P19のクイズの答《こた》え:❸24本《ほん》(解説《かいせつ》:ろっ骨《こつ》は左右《さゆう》12対《つい》で24本《ほん》ある。)

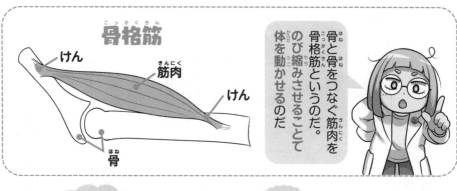

人間《にんげん》らしい見《み》た目《め》にするには？

手《て》や足《あし》の動《うご》きもスムーズなのだ
これでバッチリなのだ
確《たし》かに人間《にんげん》っぽいけどなんか思《おも》っていたのとちがう…
じ〜
全然《ぜんぜん》しゃべらないし…
カチーン
も、もちろんちゃんとしゃべれるようにするのだ…！うっかり忘《わす》れていただけなのだ！
ははは…
それに…
ま、まだなにかあるのか？

う〜ん
なんかつるっとしてるというか…
わかった！かみの毛《け》だ!!
あーー かみの毛《け》か…
かみの毛《け》 デース！
はあ〜っ
正直《しょうじき》アンドロイドには ムダなものだけど 人間《にんげん》には必要《ひつよう》なものだしな
おーっ！
声《こえ》を出《だ》すしくみと かみの毛《け》についても ついでに調《しら》べてみるのだ！

かみの毛《け》はどうして生《は》えているの？

かみの毛《け》のようす

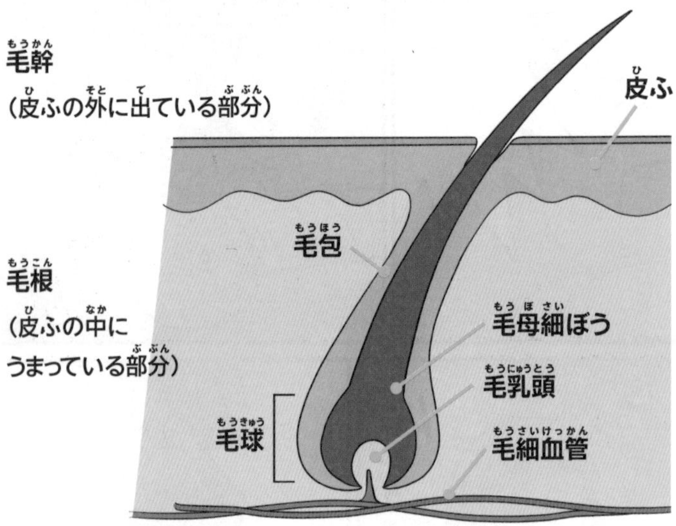

毛幹《もうかん》
（皮《ひ》ふの外《そと》に出《で》ている部分《ぶぶん》）
皮《ひ》ふ
毛包《もうほう》
毛根《もうこん》
（皮《ひ》ふの中《なか》にうまっている部分《ぶぶん》）
毛母細《もうぼさい》ぼう
毛乳頭《もうにゅうとう》
毛球《もうきゅう》
毛細血管《もうさいけっかん》

毛《け》は皮《ひ》ふが固《かた》く変化《へんか》したものなのだ。かみの毛《け》は、頭《あたま》を守《まも》っているのだ

日光《にっこう》の熱《ねつ》や、外《そと》からのしょうげきをやわらげるために、かみの毛《け》は生《は》えているんだね

クイズ

人間《にんげん》のかみの毛《け》はだいたい何本《なんぼん》くらい生《は》えている？

❶ 1万本《まんぼん》
❷ 5万本《まんぼん》
❸ 10万本《まんぼん》

数《かぞ》えきれないのデース

答《こた》えは27ページにあるよ。

かみの毛《け》の成長《せいちょう》のしかた

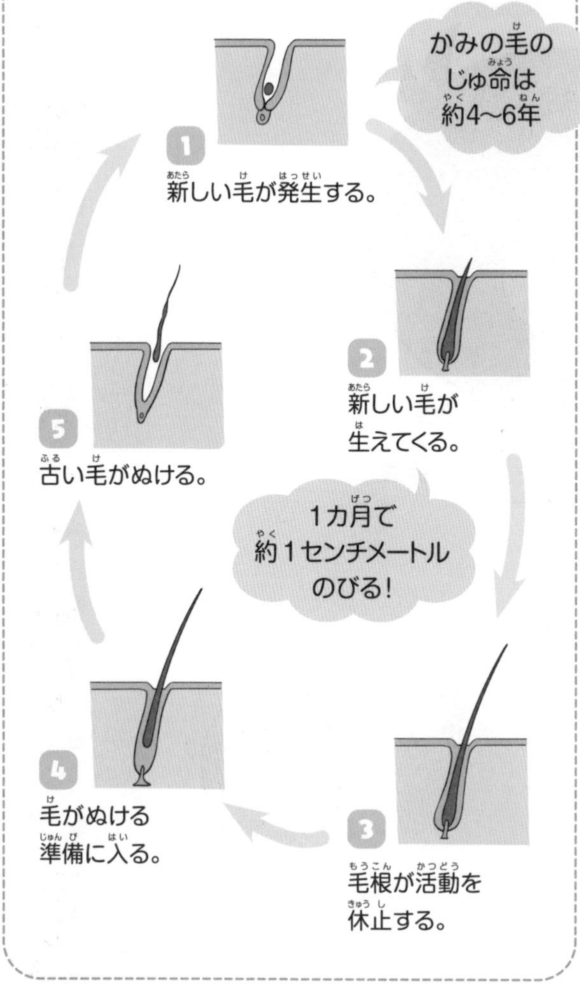
かみの毛《け》の
じゅ命《みょう》は
約《やく》4～6年《ねん》
1
新《あたら》しい毛《け》が発生《はっせい》する。
2
新《あたら》しい毛《け》が
生《は》えてくる。
3
毛根《もうこん》が活動《かつどう》を
休止《きゅうし》する。
4
毛《け》がぬける
準備《じゅんび》に入《はい》る。
5
古《ふる》い毛《け》がぬける。
1カ月《げつ》で
約《やく》1センチメートル
のびる!

かみの毛《け》は毛根《もうこん》でつくられるのだ。根元《ねもと》にある毛母細《もうぼさい》ぼうという新《あたら》しい細《さい》ぼうが、つぎつぎに生《う》まれてのびるのだ

かみの毛《け》が黒《くろ》いのは、メラニンという色素《しきそ》のため。年《とし》をとるとメラニンのはたらきが弱《よわ》まって、しらがになるのデース

年《とし》をとると、毛《け》が生《は》えなくなるのはどうしてなの？

とほほ!

年《とし》をとると毛根《もうこん》が死《し》んでしまうため、かみの毛《け》がつくられなくなるのじゃ

声《こえ》はどうやって出《だ》しているの？

声《こえ》を出《だ》すところ

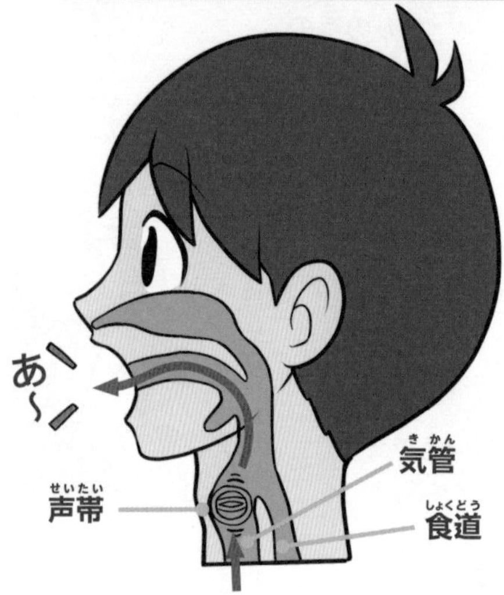
あ〜
気管《きかん》
声帯《せいたい》
食道《しょくどう》

声《こえ》は、のどの入《い》り口《ぐち》にある声帯《せいたい》から出《だ》しているのだ
どうやったら、声《こえ》を言葉《ことば》にして話《はな》せるんだろう？

クイズ

声帯《せいたい》が長《なが》いと声《こえ》はどうなる？

❶ 高《たか》くなる
❷ 低《ひく》くなる
❸ 変《か》わらない

大《おお》きな楽器《がっき》と小《ちい》さな楽器《がっき》、どちらが低《ひく》い音《おと》が出《だ》る？

答《こた》えは29ページにあるよ。

声《こえ》が出《で》るしくみ

のどの真《ま》ん中《なか》あたりで、左右《さゆう》から出《で》ているひだを声帯《せいたい》というのだ

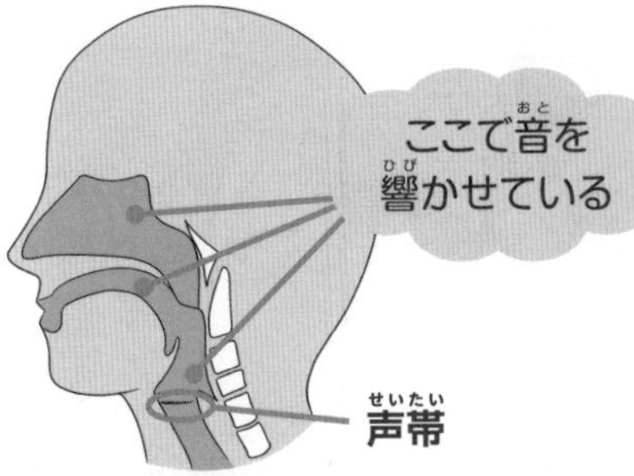

ここで音《おと》を響《ひび》かせている
声帯《せいたい》

自分《じぶん》の体《からだ》で確《たし》かめてみよう！

のどをさわりながら声《こえ》を出《だ》してみよう！
しん動《どう》しているかな？

声帯《せいたい》を上《うえ》から見《み》た図《ず》

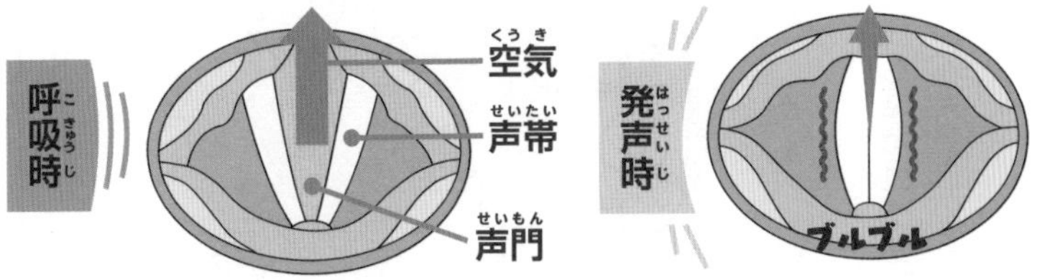

呼吸時《こきゅうじ》
空気《くうき》
声帯《せいたい》
声門《せいもん》
発声時《はっせいじ》
ブルブル

呼吸《こきゅう》をするときは、声帯《せいたい》が開《ひら》いて空気《くうき》を通《とお》す。

声《こえ》を出《だ》すときは、声帯《せいたい》が閉《と》じる。せまいところを空気《くうき》が通《とお》るときに声帯《せいたい》がふるえて音《おと》が出《で》る。

あ
い
う
え
お

声帯《せいたい》を空気《くうき》でふるわすことにより、音《おと》がつくられる。舌《した》や口《くち》の開《あ》け方《かた》やくちびるの動《うご》き方《かた》によって、いろいろな声《こえ》を出《だ》せるのじゃ

呼吸《こきゅう》をするときは声帯《せいたい》のひだが開《ひら》いて、声《こえ》を出《だ》すときは閉《と》じているんだね

P24のクイズの答《こた》え：❸10万本《まんぼん》（解説《かいせつ》：かみの毛《け》の本数《ほんすう》は人《ひと》によってちがうけれど、だいたい10万本《まんぼん》くらい生《は》えている。）

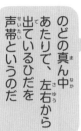

呼吸《こきゅう》はしなくてもいいの?

かみの毛《け》は確《たし》かにあったほうが人間《にんげん》ぽいけど
今《いま》は材料《ざいりょう》が足《た》りないのだ
じろっ
あ〜もう!
わかったのだ!
ガシャ
ガシャ
ジャジャ〜ン!
アンドロイドの完成《かんせい》なのだ!
かつら
これで見《み》た目《め》と動《うご》きはだいぶ人間《にんげん》らしくなってきたのだ
確《たし》かに人間《にんげん》ぽくなったけど…
この子《こ》息《いき》をしていないよ大丈夫《だいじょうぶ》なの?
今《いま》、電源《でんげん》のバッテリーを入《い》れるから安心《あんしん》するのだ
でんち

P26のクイズの答《こた》え：❷低《ひく》くなる（解説《かいせつ》：声帯《せいたい》が長《なが》いと声《こえ》が低《ひく》くなる。 声帯《せいたい》と同《おな》じように、コントラバスのようなげんの長《なが》い大《おお》きな楽器《がっき》は音《おと》が低《ひく》くなる。）

どうやって呼吸《こきゅう》しているの？

肺《はい》

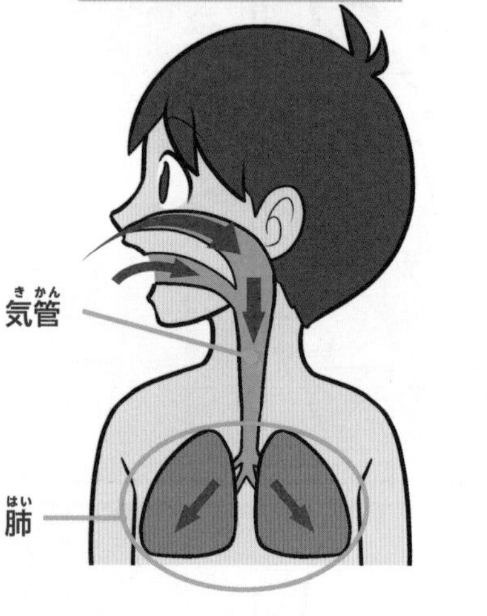
気管《きかん》
肺《はい》

呼吸《こきゅう》をすると、鼻《はな》や口《くち》から肺《はい》に空気《くうき》が入《はい》るよね
肺《はい》はスポンジのようになっていて、空気《くうき》をたくさんためることができるのだ
肺《はい》は、酸素《さんそ》と二酸化炭素《にさんかたんそ》を交《こう》かんするところなのじゃ

肺《はい》でガス交《こう》かんをするようす

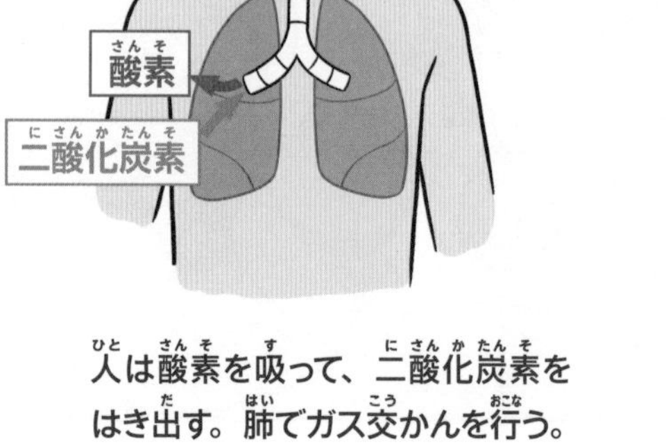
酸素《さんそ》
二酸化炭素《にさんかたんそ》
酸素《さんそ》
二酸化炭素《にさんかたんそ》

人《ひと》は酸素《さんそ》を吸《す》って、二酸化炭素《にさんかたんそ》をはき出《だ》す。肺《はい》でガス交《こう》かんを行《おこな》う。

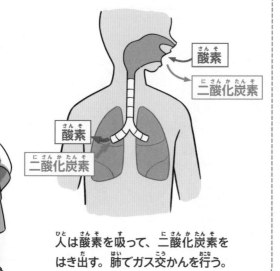

おなかと胸《むね》の間《あいだ》にある横《おう》かくまくが上下《じょうげ》することで、肺《はい》を広《ひろ》げたりしぼめたりして、呼吸《こきゅう》をしているのだ

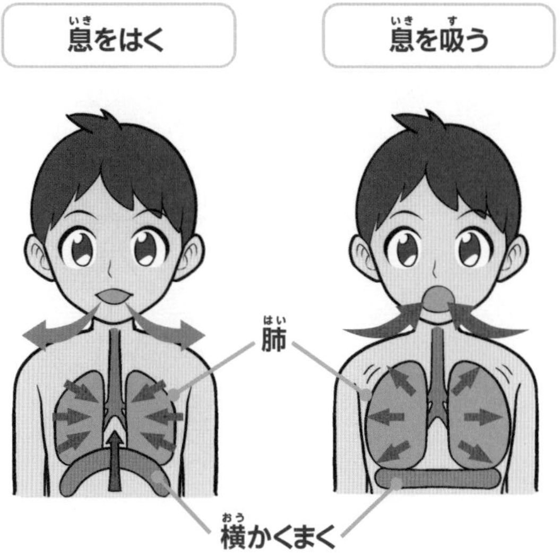
息《いき》を吸《す》う
息《いき》をはく
肺《はい》
横《おう》かくまく

横《おう》かくまくが下《さ》がると、胸《むね》の中《なか》が広《ひろ》がって、肺《はい》に空気《くうき》が入《はい》る。

横《おう》かくまくが上《あ》がると、胸《むね》の中《なか》がせまくなり、肺《はい》から空気《くうき》が出《で》る。

自分《じぶん》の体《からだ》で確《たし》かめてみよう！

胸《むね》をおさえながら息《いき》をしてみよう。胸《むね》がふくらんだり、しぼんだりするかな？

しゃっくりは、横《おう》かくまくがけいれんすることで起《お》こるのデース

呼吸《こきゅう》で吸《す》った酸素《さんそ》はどうやって体《からだ》のすみずみまで届《とど》くの？
そこで必要《ひつよう》なのが血《ち》じゃ

血《ち》ってどうして赤《あか》いんだろう？

血液《けつえき》は、血《けっ》しょうという液体《えきたい》の中《なか》にたくさんのつぶが入《はい》ってできているのだ

赤血球《せっけっきゅう》がたくさんあるから、血《ち》は赤《あか》いのデース！

血管《けっかん》の中《なか》のようす

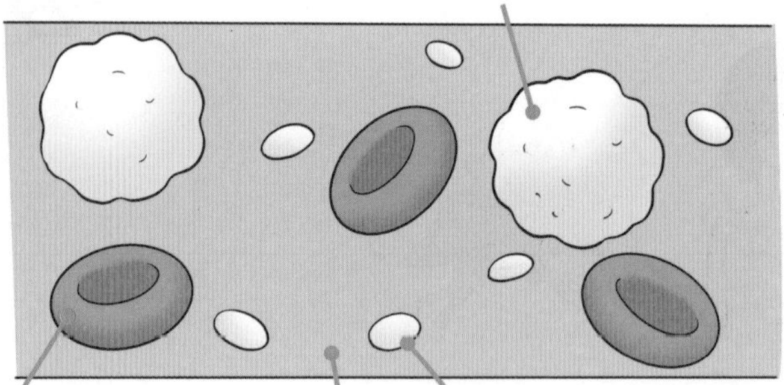

白血球《はっけっきゅう》

体《からだ》に入《はい》った細菌《さいきん》などと戦《たたか》う。

赤血球《せっけっきゅう》

体中《からだじゅう》に酸素《さんそ》を運《はこ》ぶ赤《あか》いつぶ。
血液《けつえき》の多《おお》くが赤血球《せっけっきゅう》。

血小板《けっしょうばん》

傷口《きずぐち》をふさいで血《ち》をとめる。

血《けっ》しょう

ほとんどが水分《すいぶん》。
栄養《えいよう》やいらないものなど、
いろいろなものを運《はこ》ぶ。

血液《けつえき》を送《おく》る管《くだ》が血管《けっかん》。血管《けっかん》は体中《からだじゅう》に張《は》りめぐらされているのだ

血液《けつえき》は酸素《さんそ》だけでなく栄養分《えいようぶん》も体中《からだじゅう》に運《はこ》んでいるのデース

血管《けっかん》

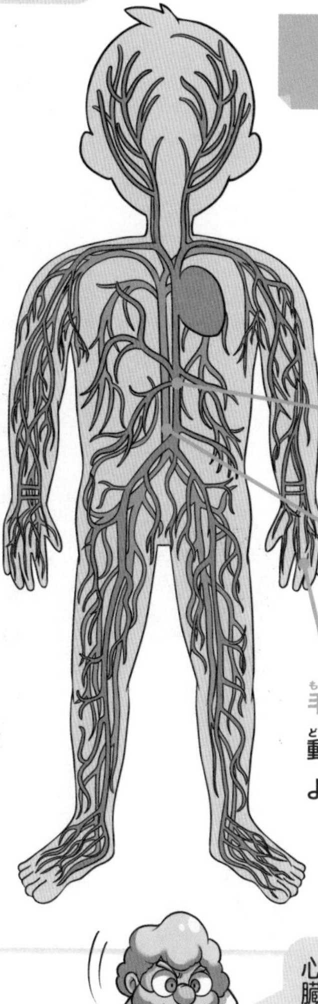

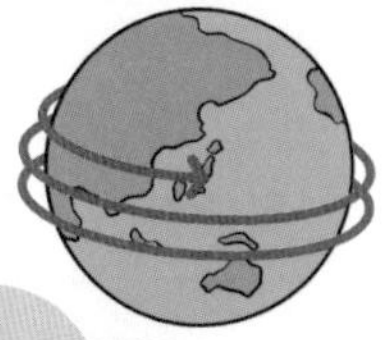

血管《けっかん》を全部《ぜんぶ》つなげると、
10万《まん》キロメートル
地球《ちきゅう》を2周半《しゅうはん》する
長《なが》さになる!

動脈《どうみゃく》(図《ず》の赤《あか》い血管《けっかん》)

心臓《しんぞう》から体中《からだじゅう》に血液《けつえき》を送《おく》る

静脈《じょうみゃく》(図《ず》の青《あお》い血管《けっかん》)

体中《からだじゅう》から心臓《しんぞう》へ血液《けつえき》をもどす

毛細血管《もうさいけっかん》

動脈《どうみゃく》と静脈《じょうみゃく》をつなぐかみの毛《け》よりも細《ほそ》い血管《けっかん》

血《ち》が血管《けっかん》を通《とお》るのはわかったけれど、勝手《かって》に流《なが》れてくれるのかな?

そこで必要《ひつよう》になるのが心臓《しんぞう》じゃ!

心臓《しんぞう》は休《やす》むことはないの？

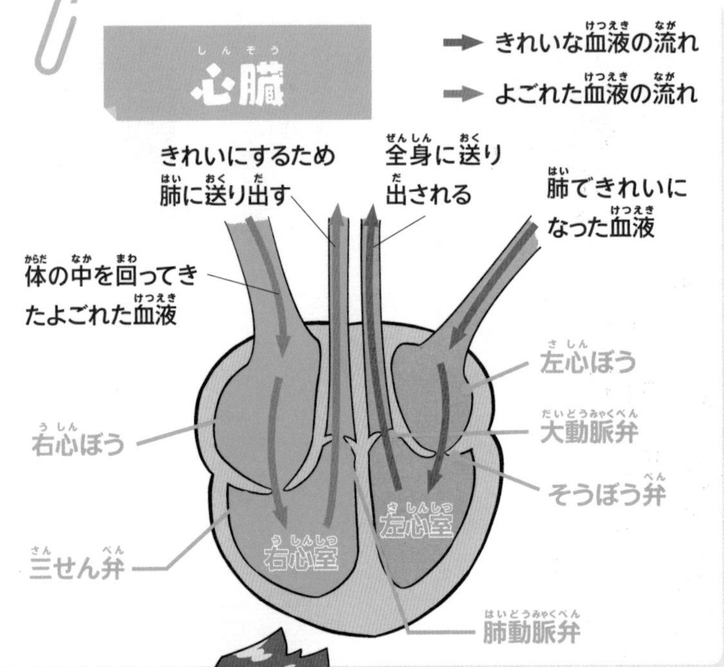

心臓《しんぞう》
きれいな血液《けつえき》の流《なが》れ
よごれた血液《けつえき》の流《なが》れ
きれいにするため肺《はい》に送《おく》り出《だ》す
全身《ぜんしん》に送《おく》り出《だ》される
肺《はい》できれいになった血液《けつえき》
体《からだ》の中《なか》を回《まわ》ってきたよごれた血液《けつえき》
左心《さしん》ぼう
大動脈弁《だいどうみゃくべん》
そうぼう弁《べん》
右心《うしん》ぼう
左心室《さしんしつ》
右心室《うしんしつ》
三《さん》せん弁《べん》
肺動脈弁《はいどうみゃくべん》

心臓《しんぞう》はきれいな血液《けつえき》を全身《ぜんしん》へ送《おく》り、よごれた血液《けつえき》を肺《はい》に送《おく》っているんだ
そうか、肺《はい》でよごれた血液《けつえき》の中《なか》から二酸化炭素《にさんかたんそ》を取《と》り出《だ》して、きれいな血《ち》にしているんだね

クイズ

心臓《しんぞう》の大《おお》きさはどれくらい？

❶げんこつくらい
❷目玉《めだま》くらい
❸親指《おやゆび》くらい

❶〜❸がどれくらいの大《おお》きさか確認《かくにん》するのデース

答《こた》えは37ページにあるよ。

心臓《しんぞう》は、ポンプのように縮《ちぢ》んだりゆるんだりして動《うご》くことで、血液《けつえき》を体中《からだじゅう》に送《おく》っているのだ
血液《けつえき》の中《なか》には酸素《さんそ》が入《はい》っているのデース
心臓《しんぞう》が止《と》まって、酸素《さんそ》が届《とど》かなくなると、死《し》んでしまうんだね

心臓《しんぞう》はずっと動《うご》いている！

1分間《ぶんかん》で1周《しゅう》

心臓《しんぞう》から出《で》た血液《けつえき》は、1分《ぶん》間《かん》くらいで体《からだ》を一周《いっしゅう》する。

よごれた血《ち》
きれいな血《ち》

1日《にち》で1万回《まんかい》

心臓《しんぞう》は1分間《ぶんかん》に60～70回《かい》ドキンと動《うご》く。1日《にち》では1万回《まんかい》くらい。

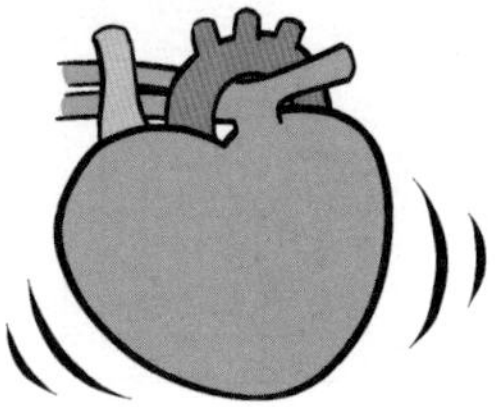

自分《じぶん》の体《からだ》で確《たし》かめてみよう！

きみの心臓《しんぞう》は1分間《ぶんかん》で何回《なんかい》ドキンとしているかな？ 時計《とけい》の秒針《びょうしん》が1周《しゅう》する間《あいだ》に、手首《てくび》の脈《みゃく》を指先《ゆびさき》でさわって、何回《なんかい》ドキンとするか数《かぞ》えてみよう！

心臓《しんぞう》は「心筋《しんきん》」という筋肉《きんにく》でできている。脳《のう》の命令《めいれい》なしに自分《じぶん》で動《うご》ける筋肉《きんにく》じゃよ
このドキドキは、心臓《しんぞう》が動《うご》いている証《しょう》こなんだ！

こんにちは
こんにちは
こ、こ、
こんにちは!
よろしく!
へへ…
ふう、完成《かんせい》!
これで
カンペキなのだ!
すごいよリラ!
ちゃんと会話《かいわ》
できてる!
どう?
すごいでしょ
フフ…
おっ、やっと
動《うご》き出《だ》したようだな
今度《こんど》は
この子《こ》といっしょに
おやつを食《た》べたいな～
あーん
ああ～!
待《ま》つのだ!

た・・・
食《た》べる機能《きのう》はまだなのだ!
さっき完《かん》ぺきって言《い》ってたじゃないか!
ちがうのだ! 見《み》た目《め》が完成《かんせい》したという意味《いみ》なのだ
ぶーっ
わかったのだ 次《つぎ》はいっしょにおやつを食《た》べる夢《ゆめ》をかなえてあげるのだ!
本当《ほんとう》?
じゃあ人間《にんげん》が〝食《た》べる〟機能《きのう》について調《しら》べるからちょっと待《ま》つのだ!

P.34クイズの答《こた》え:❶げんこつくらい(解説《かいせつ》:心臓《しんぞう》はげんこつより少《すこ》し大《おお》きい。大人《おとな》の心臓《しんぞう》で250~300グラムくらいの重《おも》さ。)

リラの
研究《けんきゅう》ノート1

研究《けんきゅう》テーマ

人間《にんげん》にも しっぽがあるって本当《ほんとう》?

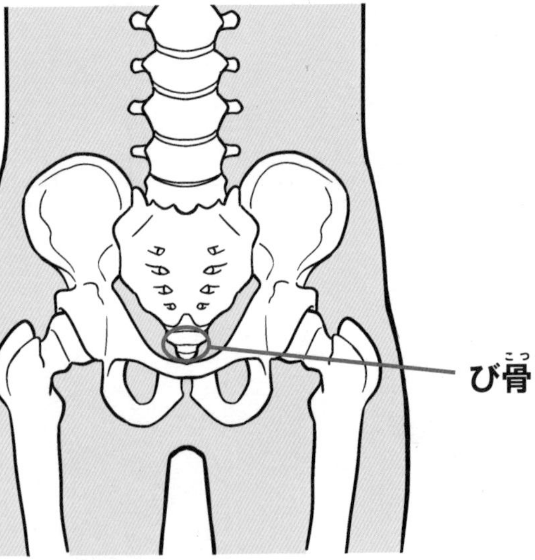
び骨《こつ》

人間《にんげん》にも他《ほか》の動物《どうぶつ》と同《おな》じように、昔《むかし》はしっぽがあった。でも、手足《てあし》をうまく使《つか》えるようになって、しっぽは使《つか》われなくなり退化《たいか》したのだ。び骨《こつ》はしっぽのなごり。

ワタシのしっぽには羽《はね》がついていマース!
自分《じぶん》の体《からだ》で確《たし》かめてみよう!
キミもおしりをさわってみよう。少《すこ》し出《で》ている骨《ほね》があるはずなのだ

他《ほか》にも、人間《にんげん》にとってムダで退化《たいか》したものがあるのだ

親知《おやし》らず

歯《は》のいちばんおくに生《は》える永久歯《えいきゅうし》で、先天的《せんてんてき》に生《は》えない人《ひと》もいる。虫歯《むしば》やえんしょうなどトラブルがあればぬくのが一般的《いっぱんてき》。

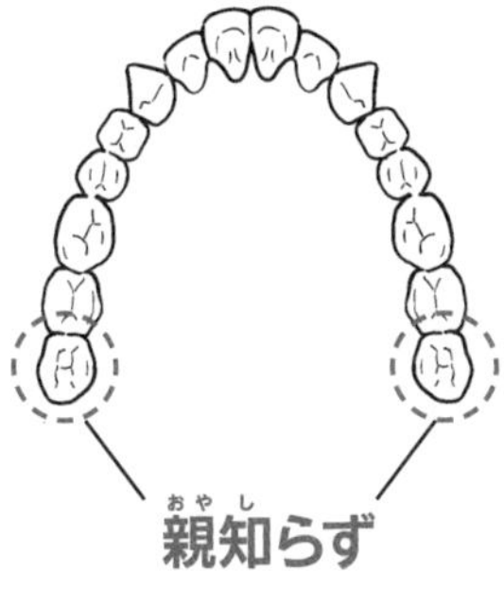
親知《おやし》らず

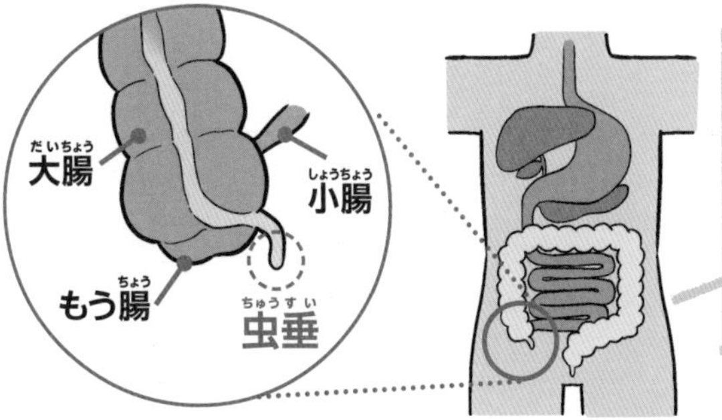
大腸《だいちょう》
小腸《しょうちょう》
もう腸《ちょう》
虫垂《ちゅうすい》

虫垂《ちゅうすい》

おなかの中《なか》の右下《みぎした》あたりにある大腸《だいちょう》のはじめの部分《ぶぶん》を「もう腸《ちょう》」というが、その下部《かぶ》から出《で》る細《ほそ》い管状《くだじょう》のとっ起《き》した部分《ぶぶん》。

でも、体《からだ》に必要《ひつよう》ないと考《かんが》えられていた虫垂《ちゅうすい》が、実《じつ》は腸《ちょう》の中《なか》の健康《けんこう》を保《たも》っていることがわかったのだ

本当《ほんとう》にムダかどうかは、まだまだ研究《けんきゅう》が必要《ひつよう》じゃな!

クイズ

大人《おとな》の歯《は》は、親知《おやし》らずがない場合《ばあい》、全部《ぜんぶ》で何本《なんぼん》あるかな?

❶ 20本《ぼん》
❷ 28本《ぼん》
❸ 32本《ほん》

自分《じぶん》の歯《は》を
数《かぞ》えてみるのデース!

答《こた》えは40ページにあるよ。

チャレンジテーマ

頭《あたま》からかかとまで背中《せなか》をかべにつけて立《た》ち、そのままおじぎできる?

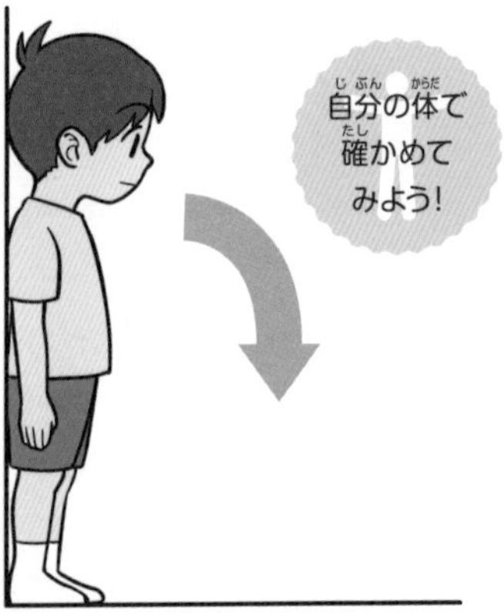
自分《じぶん》の体《からだ》で
確《たし》かめて
みよう!

おじぎをするときは、おしりをつき出《だ》さないと上半身《じょうはんしん》を前《まえ》にかたむけることができないのだ

おしりを後《うし》ろに少《すこ》し出《だ》さないとたおれてしまうね
人間《にんげん》は重心《じゅうしん》をうまく移動《いどう》させて、バランスをとっているのじゃ
ホントだ!

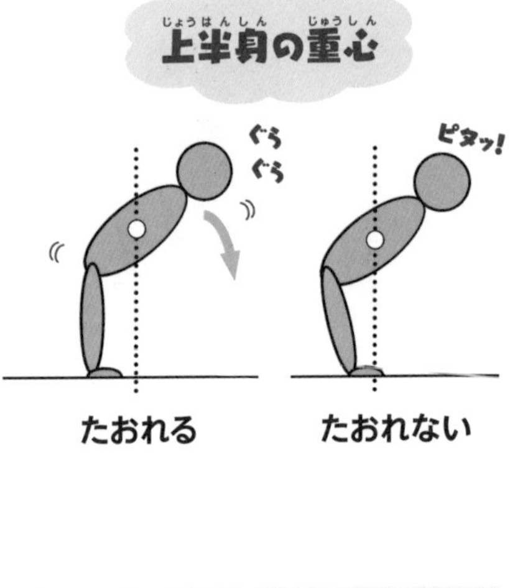
上半身《じょうはんしん》の重心《じゅうしん》
ぐらぐら
ピタッ!
たおれる
たおれない

P39のクイズの答《こた》え

❷28本《ぼん》　❶の20本《ぼん》は子《こ》どもの歯《は》の数《かず》、❸は親知《おやし》らずが全部生《ぜんぶは》えたときの数《かず》。

第《だい》2章《しょう》

「食《た》べる」しくみって？

いっしょにお弁当《べんとう》を食《た》べるには？

〝食《た》べる〟機能《きのう》か～
むーっ
友《とも》だちができたら、おやつはもちろんいっしょに食《た》べたいけど…
いちばんの夢《ゆめ》は遠足《えんそく》でいっしょにお弁当《べんとう》を食《た》べることなんだ
友《とも》だちとおかずを交《こう》かんしたり
そお～
いろいろなおもしろい会話《かいわ》もして
わいわい
ムフフ…
きっと楽《たの》しいだろうなぁ～

はぁ～ まったく! アンドロイドに食事《しょくじ》なんて本当《ほんとう》にムダ!
せっかく食《た》べなくても活動《かつどう》できる最高《さいこう》の体《からだ》を持《も》っているのに
あのねリラ! ボクが欲《ほ》しいのは最高《さいこう》の「アンドロイド」じゃなく最高《さいこう》の「友《とも》だち」なんだ!
うぐぐ…
リラは言《い》ったよね、ボクに友《とも》だちをつくってくれるって
う… うん
だったら早《はや》く最高《さいこう》の友《とも》だちをつくってよ!
ゆさっ ゆさ
ボクは遠足《えんそく》で友《とも》だちといっしょにお弁当《べんとう》を食《た》べたいんだ!
白《しろ》はた
ギブ…

消《しょう》化《か》ってどんなしくみ？

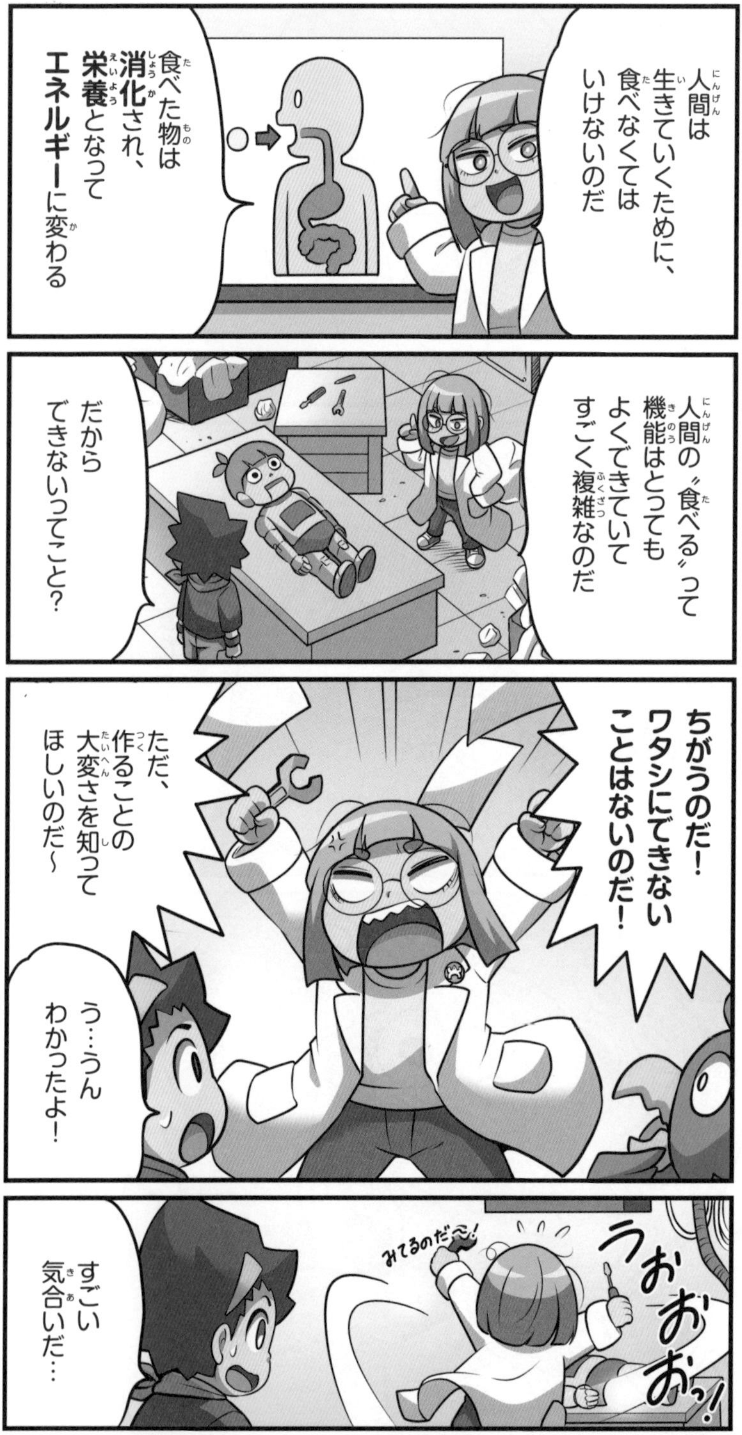
人間《にんげん》は生《い》きていくために、食《た》べなくてはいけないのだ
食《た》べた物《もの》は消化《しょうか》され、栄養《えいよう》となってエネルギーに変《か》わる
人間《にんげん》の〝食《た》べる〟って機能《きのう》はとってもよくできていてすごく複雑《ふくざつ》なのだ
だからできないってこと？
ちがうのだ！ワタシにできないことはないのだ！
ただ、作《つく》ることの大変《たいへん》さを知《し》ってほしいのだ〜
う…うんわかったよ！
うおおおっ！
みてるのだ〜！
すごい気《き》合《あ》いだ…

ファイル.2

消《しょう》化《か》のしくみ

ウンチになるまで
長《なが》い道《みち》のり
なのデース

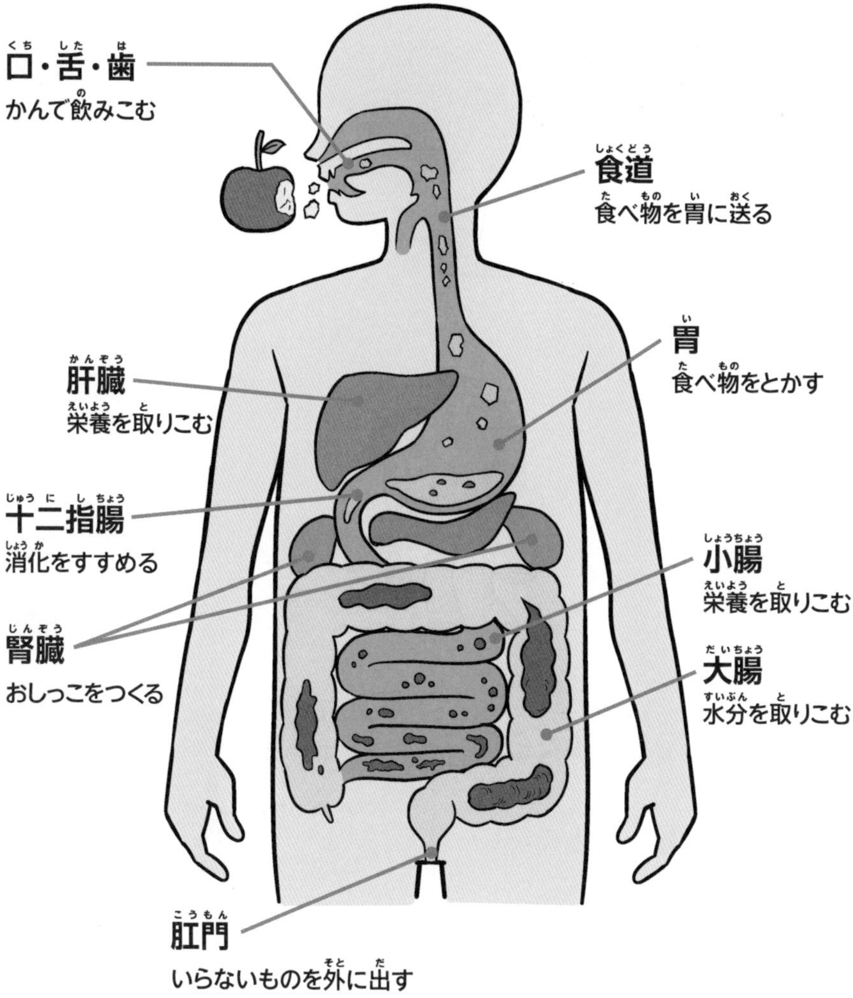
口《くち》・舌《した》・歯《は》
かんで飲《の》みこむ
食道《しょくどう》
食《た》べ物《もの》を胃《い》に送《おく》る
胃《い》
食《た》べ物《もの》をとかす
肝臓《かんぞう》
栄養《えいよう》を取《と》りこむ
十《じゅう》二《に》指《し》腸《ちょう》
消《しょう》化《か》をすすめる
小腸《しょうちょう》
栄養《えいよう》を取《と》りこむ
腎臓《じんぞう》
おしっこをつくる
大腸《だいちょう》
水分《すいぶん》を取《と》りこむ
肛門《こうもん》
いらないものを外《そと》に出《だ》す

食《た》べ物《もの》はよくかまないとダメっ？

食《た》べ物《もの》消化《しょうか》中《ちゅう》

口《くち》・舌《した》・歯《は》

口《くち》
舌《した》
歯《は》
食道《しょくどう》

食《た》べ物《もの》を消化《しょうか》する最初《さいしょ》の場所《ばしょ》は口《くち》の中《なか》。だ液《えき》で消化《しょうか》するのだ
だ液《えき》はつばのことデース

クイズ

1日《にち》に出《で》るだ液《えき》の量《りょう》はどれくらい？

❶100ミリリットルくらい
（コップ半分《はんぶん》）

❷500ミリリットルくらい
（ペットボトル）

❸1リットルくらい
（牛乳《ぎゅうにゅう》パック）

答《こた》えは49ページにあるよ。

だ液《えき》は、食《た》べ物《もの》のでんぷんの一部《いちぶ》を分解《ぶんかい》するのだ
よくかむと、だ液《えき》がよく出《で》るので、消化《しょう か》を助《たす》けるのだ
よく見《み》ると、前歯《まえば》とおく歯《ば》で形《かたち》がちがうね！

食《た》べるしくみ

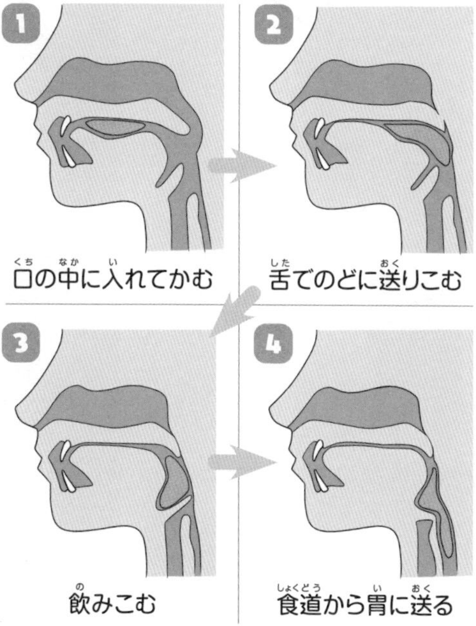
1
口《くち》の中《なか》に入《い》れてかむ
2
舌《した》でのどに送《おく》りこむ
3
飲《の》みこむ
4
食道《しょくどう》から胃《い》に送《おく》る

歯《は》の形《かたち》がちがうのはなぜ？

食《た》べるものによって役割《やくわり》がちがう。切歯《せっし》でかみ切《き》り、犬歯《けんし》で切《き》りさき、きゅう歯《し》でくだき、すりつぶす。

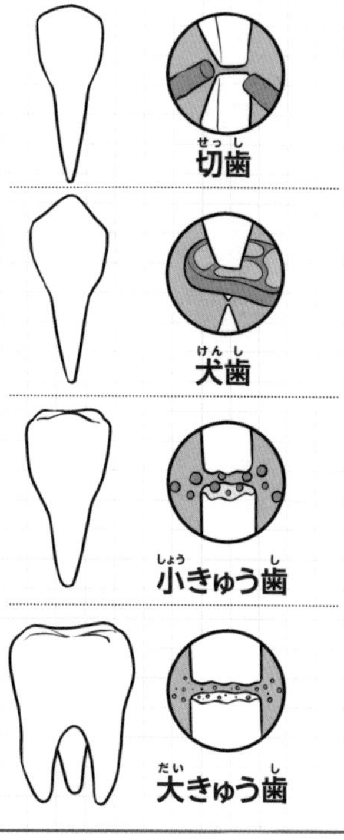
切歯《せっし》
犬歯《けんし》
小《しょう》きゅう歯《し》
大《だい》きゅう歯《し》

よくかむには、歯《は》が大切《たいせつ》じゃ

どうやって食《た》べ物《もの》をとかしているの？

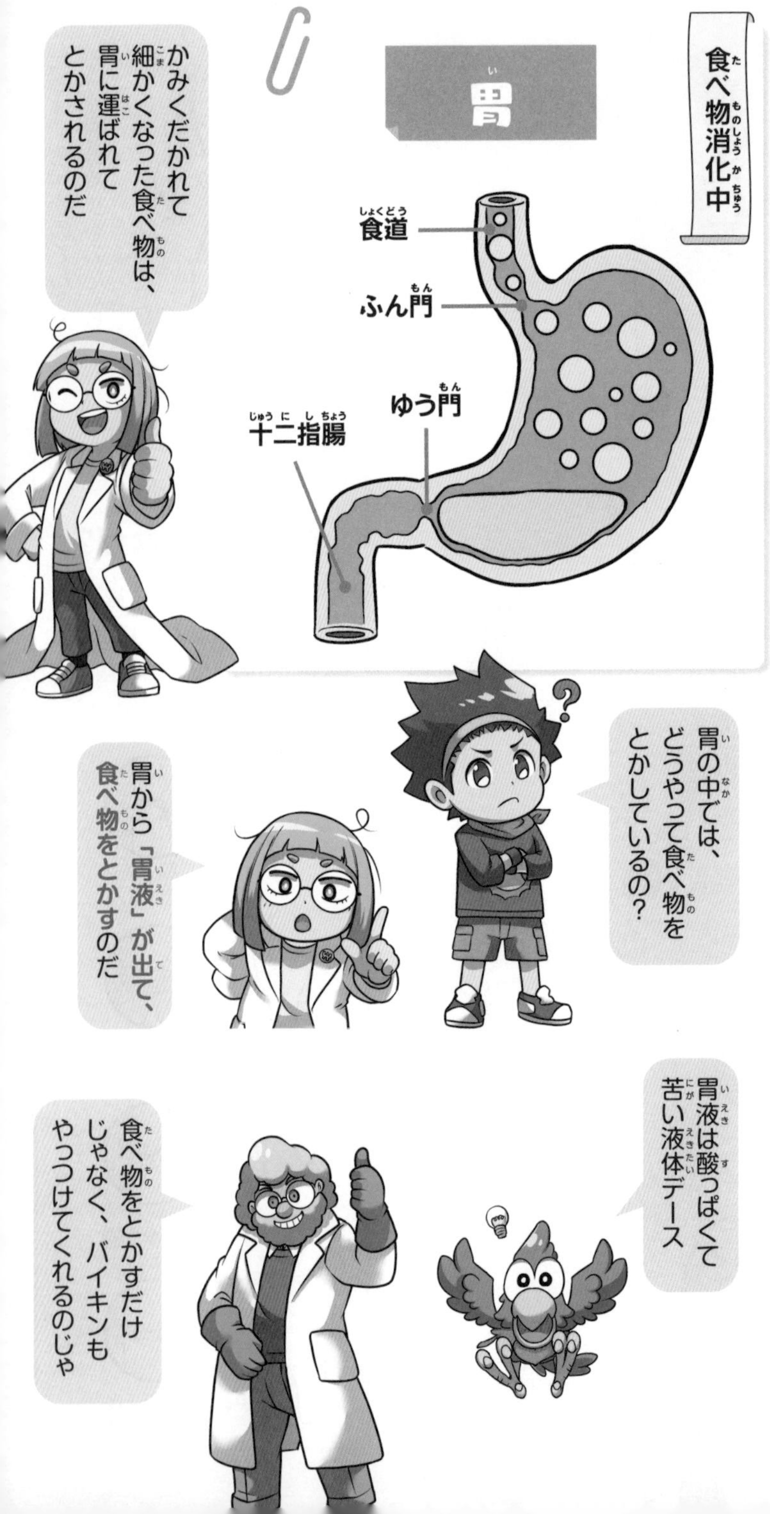
食《た》べ物《もの》消《しょう》化《か》中《ちゅう》
胃《い》
食道《しょくどう》
ふん門《もん》
ゆう門《もん》
十二指腸《じゅうにしちょう》
かみくだかれて細《こま》かくなった食《た》べ物《もの》は、胃《い》に運《はこ》ばれてとかされるのだ
胃《い》の中《なか》では、どうやって食《た》べ物《もの》をとかしているの？
胃《い》から「胃液《いえき》」が出《で》て、食《た》べ物《もの》をとかすのだ
胃液《いえき》は酸《す》っぱくて苦《にが》い液体《えきたい》デース
食《た》べ物《もの》をとかすだけじゃなく、バイキンもやっつけてくれるのじゃ

胃《い》のはたらき

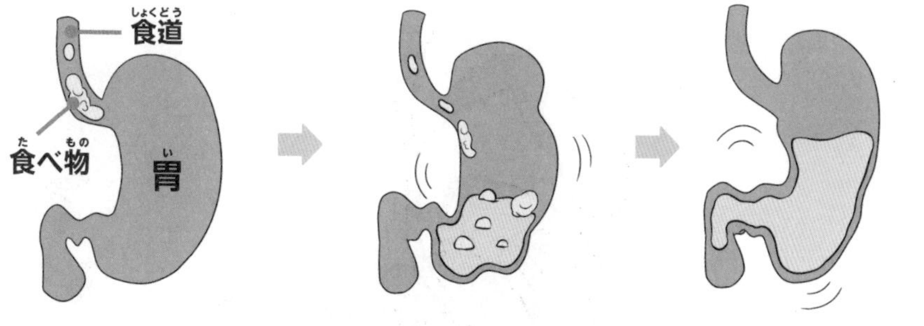
食道《しょくどう》
食《た》べ物《もの》
胃《い》

口《くち》から入《はい》った食《た》べ物《もの》が食《しょく》道《どう》を通《とお》って胃《い》に入《はい》る。

胃《い》の筋肉《きんにく》がのび縮《ちぢ》みして、食《た》べ物《もの》と胃液《いえき》をよく混《ま》ぜ合《あ》わせて3〜5時間《じかん》かけて消化《しょうか》する。

消化《しょうか》してどろどろになった食《た》べ物《もの》を十二指腸《じゅうにしちょう》へ送《おく》り出《だ》す。

胃《い》は胃液《いえき》でとけちゃわないのかな?

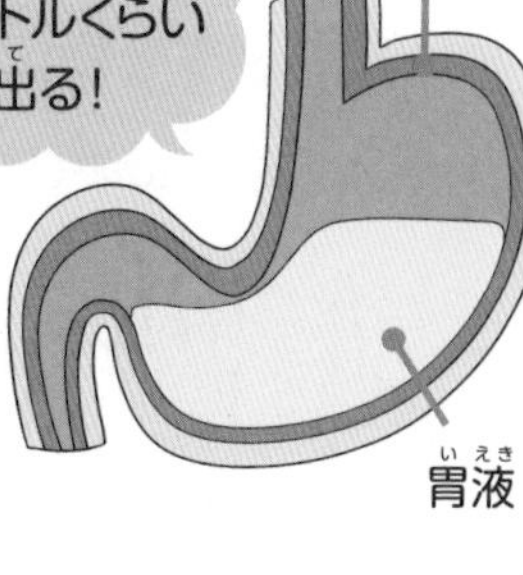
胃液《いえき》は1日《にち》に2リットルくらい出《で》る!
ねん液《えき》
胃液《いえき》

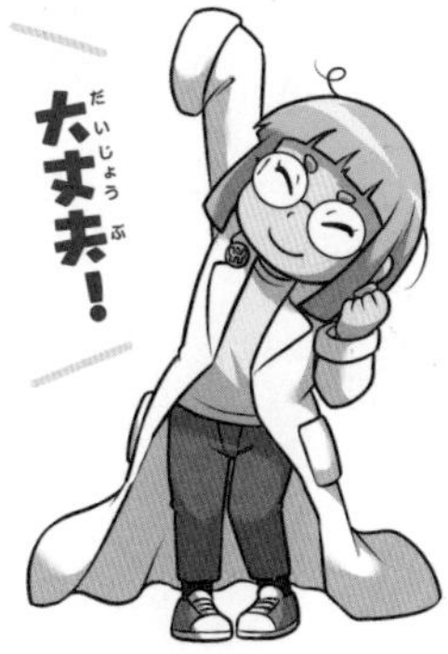
胃《い》の表面《ひょうめん》はネバネバしたねん液《えき》でバリアを張《は》っているから、胃液《いえき》でとける心配《しんぱい》はないのだ
大丈夫《だいじょうぶ》!

クイズ

胃《い》は空腹《くうふく》のときの何倍《なんばい》くらいまでふくらむ?

❶ 10倍《ばい》くらい
❷ 20倍《ばい》くらい
❸ 30倍《ばい》くらい

胃《い》は食《た》べ物《もの》が入《はい》るとふくらむのデース

答《こた》えは51ページにあるよ。

P46のクイズの答《こた》え：❸1リットルくらい(解説《かいせつ》：だ液《えき》は1日《にち》に1〜1.5リットルくらい出《で》る。)

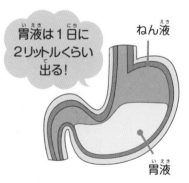

十二指腸《じゅうにしちょう》はどんなはたらきをしているの？

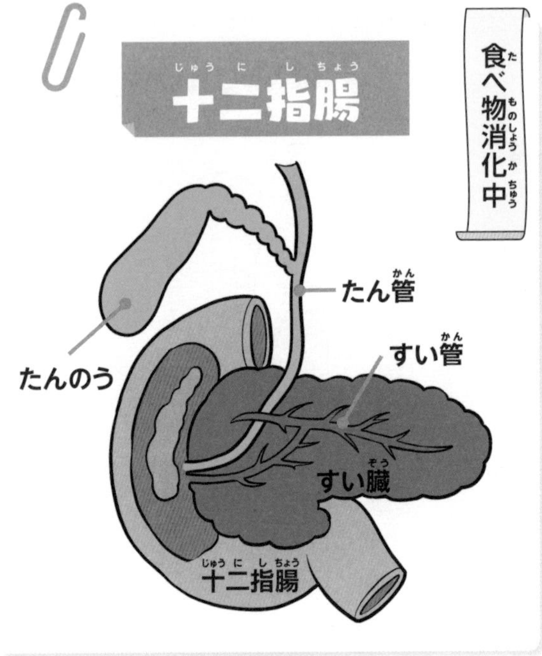
食《た》べ物《もの》消化中《しょうかちゅう》
十二指腸《じゅうにしちょう》
たん管《かん》
すい管《かん》
たんのう
すい臓《ぞう》
十二指腸《じゅうにしちょう》

胃《い》でとかされた食《た》べ物《もの》はどうなるの？

胃《い》の次《つぎ》は十二指腸《じゅうにしちょう》に運《はこ》ばれるのだ。十二指腸《じゅうにしちょう》って聞《き》いたことはあるかな？

十二指腸《じゅうにしちょう》？

指《ゆび》12本《ほん》を横《よこ》に並《なら》べた長《なが》さ

ということが、名前《なまえ》の由来《ゆらい》。

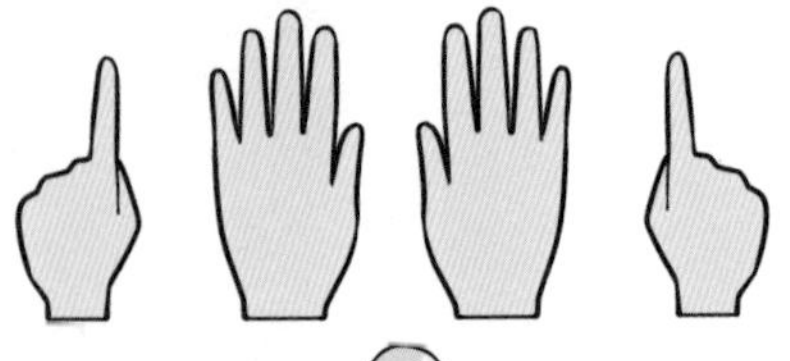

実際《じっさい》は、指《ゆび》12本分《ほんぶん》より長《なが》いんじゃ

十二指腸《じゅうにしちょう》では、たんのうから出《て》るたんじゅうと、すい臓《ぞう》から出《て》るすい液《えき》を混《ま》ぜ合《あ》わせて、さらに食《た》べ物《もの》の消化《しょうか》を進《すす》めるのだ

胃《い》で全部《ぜんぶ》とけていたわけじゃないんだね

消化《しょうか》を助《たす》けるヒミツの液体《えきたい》

たんじゅう

たんじゅうは、バターや肉《にく》のあぶら身《み》などのしぼうの消化《しょうか》を助《たす》ける。

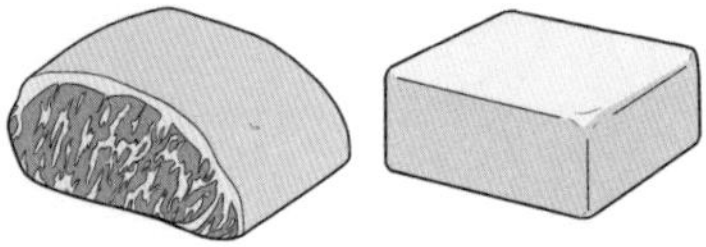

すい液《えき》

すい液《えき》は、肉《にく》や魚《さかな》などのたんぱく質《しつ》や、お米《こめ》やパンなどの炭水化物《たんすいかぶつ》の消化《しょうか》を助《たす》ける。

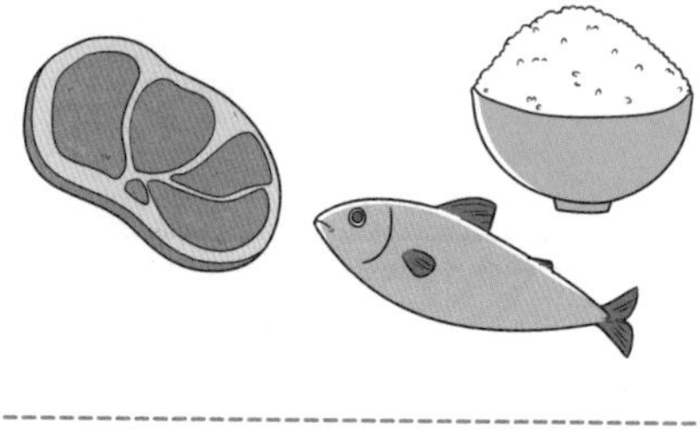

たんじゅうはとっても苦《にが》くて、黄土色《おうどいろ》をしている。うんちが茶色《ちゃいろ》いのは、このたんじゅうのせいなのだ

うんちかぁ〜、いよいよ食《た》べ物《もの》の消化《しょうか》も大《おお》づめなのかな?

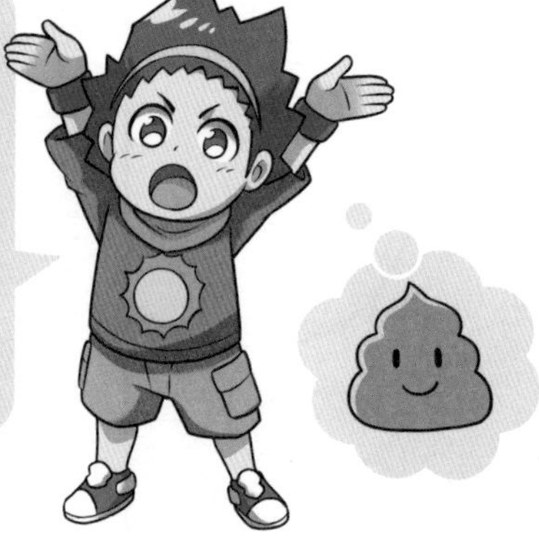

P49のクイズの答《こた》え:❸30倍《ばい》くらい(解説《かいせつ》:胃《い》は空腹《くうふく》のときの30倍《ばい》くらいの大《おお》きさまでふくれる。)

いっしょにトイレに行《い》くには？

食《た》べたものは
全部《ぜんぶ》体《からだ》に吸収《きゅうしゅう》されるの？
ムダなものは
吸収《きゅうしゅう》されずに
出《だ》されるのだ
ジャジャーン
でも安心《あんしん》するのだ！
エネルギーゼリー
アンドロイドは
ムダをなくし
必要《ひつよう》なものだけを
補給《ほきゅう》するのだ
もぐもぐ‥
このゼリーには
アンドロイドにとって
必要《ひつよう》なものは
全《すべ》て入《はい》っている
だから食事《しょくじ》もいっしゅんで
済《す》ませられるのだ！

確《たし》かにすごいけど……
なんだか
人間《にんげん》っぽくないなぁ
いろいろなものを
人《ひと》と話《はな》しながら
食《た》べるのが
人間《にんげん》じゃないかな？
それに
食《た》べたお弁当《べんとう》が
うんちに変《か》わらないって
ことでしょう？
それだといっしょに
トイレに
行《い》けないよ！
はぁ？
いっしょに
トイレに行《い》きたい？
変《へん》なやつなのだ
うんちなんて
ムダなもの
アンドロイドからは
出《で》ないのだ！
ぶーっ
ケチ！
でも確《たし》かに……
吸収《きゅうしゅう》や**排《はい》せつ**も
人間《にんげん》にとっては
大切《たいせつ》なしくみなのだ
パァアッ
うーむ…

どうやって栄養《えいよう》を取《と》りこむの？

食《た》べ物《もの》消化《しょうか》中《ちゅう》

小腸《しょうちょう》

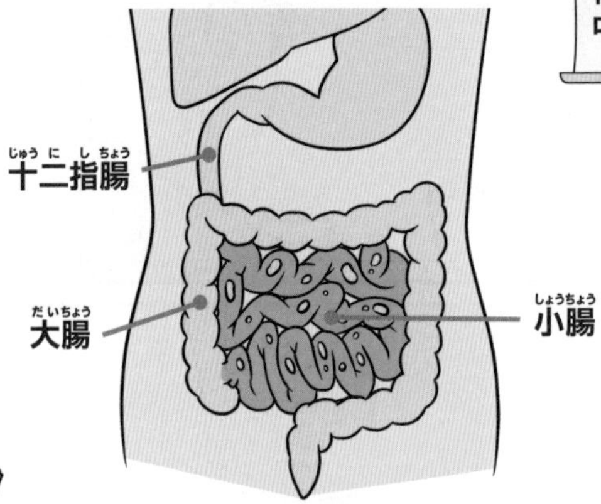

小腸《しょうちょう》はとっても長《なが》い管《くだ》。食《た》べ物《もの》の栄養《えいよう》は、この管《くだ》の中《なか》を進《すす》むうちにほとんど取《と》りこまれてしまうのだ

食《た》べ物《もの》が小腸《しょうちょう》から大腸《だいちょう》へ送《おく》られるのに、4～8時間《じかん》もかかるのじゃ

長《なが》～い小腸《しょうちょう》をゆっくり進《すす》むことで、栄養《えいよう》をしっかり取《と》りこんでいくんだね

クイズ

小腸《しょうちょう》の長《なが》さはどれくらい？

❶ 約《やく》1メートル
❷ 約《やく》3メートル
❸ 約《やく》6メートル

答《こた》えは57ページにあるよ。

小腸《しょうちょう》の内側《うちがわ》には、「じゅう毛《もう》」という細《こま》かい毛《け》のようなとっきがたくさんあって、栄養《えいよう》を取《と》りこんでいるのだ

小腸《しょうちょう》の内側《うちがわ》のようす

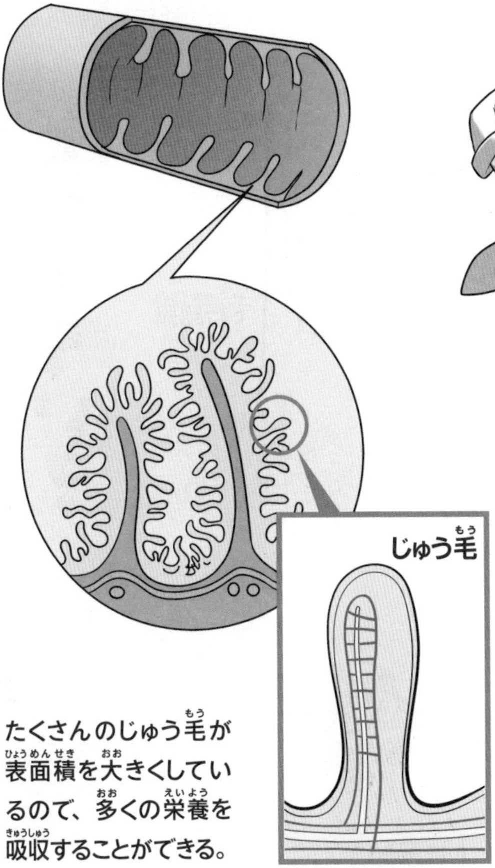

たくさんのじゅう毛《もう》が表面積《ひょうめんせき》を大《おお》きくしているので、多《おお》くの栄養《えいよう》を吸収《きゅうしゅう》することができる。

じゅう毛《もう》には細《こま》かい毛《け》がたくさん生《は》えていて、より多《おお》くの栄養《えいよう》を取《と》りこめるのデース

取《と》りこんだ栄養《えいよう》は、どうやって運《はこ》ばれているの?

じゅう毛《もう》の中《なか》にはとても細《こま》かい血管《けっかん》があって、取《と》りこんだ栄養《えいよう》を運《はこ》んでいるのだ

食《た》べた物《もの》がうんちになるまでどのくらい？

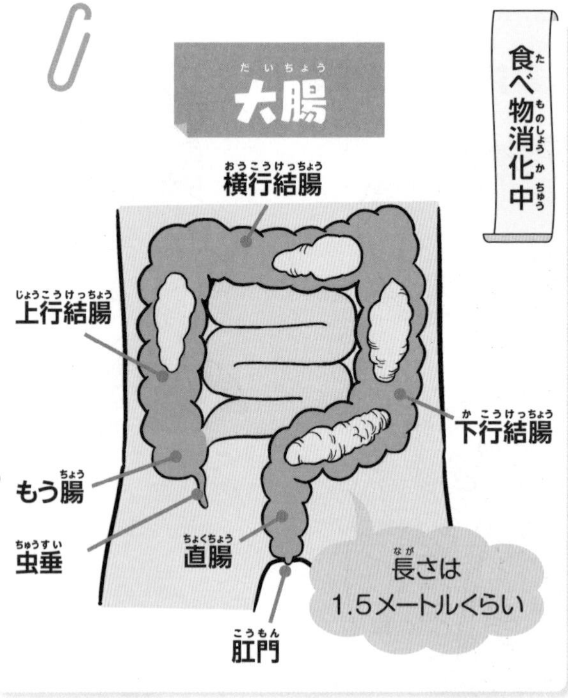
食《た》べ物《もの》消《しょう》化《か》中《ちゅう》
大腸《だいちょう》
横行結腸《おうこうけっちょう》
上行結腸《じょうこうけっちょう》
下行結腸《かこうけっちょう》
もう腸《ちょう》
虫垂《ちゅうすい》
直腸《ちょくちょう》
肛門《こうもん》
長《なが》さは
1.5メートルくらい

栄養《えいよう》を取《と》りこんだから、いよいよ残《のこ》りをうんちとして出《だ》すんだね

まだなのだ！大腸《だいちょう》でまだ吸収《きゅうしゅう》するものがあるのだ

小腸《しょうちょう》で栄養《えいよう》を取《と》りこまれた食《た》べ物《もの》から、最後《さいご》に**大腸《だいちょう》で水分《すいぶん》を吸収《きゅうしゅう》**するのデース

だいたい**24～72時間《じかん》で、食《た》べた物《もの》が大便《だいべん》**になって出《で》てくる

大便《だいべん》が直腸《ちょくちょう》に届《とど》くと、腸《ちょう》のかべに当《あ》たって「うんちがしたい」と感《かん》じるのじゃ

うんちができるまで

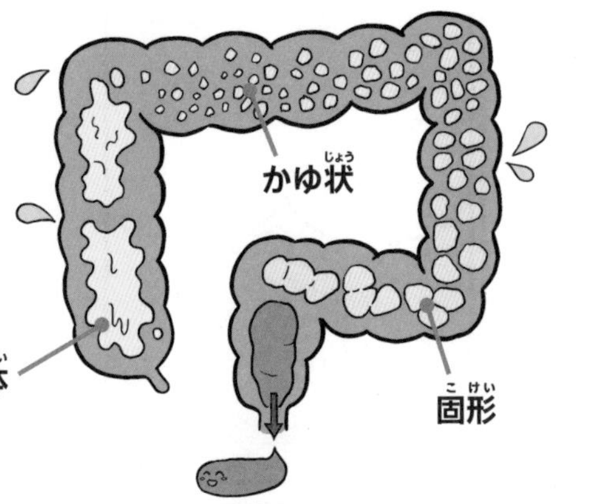
かゆ状《じょう》
液体《えきたい》
固形《こけい》

うんちの形《かたち》（大腸《だいちょう》の中《なか》のようす）

げり
元気《げんき》
進《すす》みがはやい
十分《じゅうぶん》に水分《すいぶん》が吸収《きゅうしゅう》されない。
進《すす》みがちょうどいい
水分《すいぶん》が吸収《きゅうしゅう》され
固形《こけい》のうんちになる。
便秘《べんぴ》
進《すす》みがおそい
水分《すいぶん》がなくなって
うんちが固《かた》くなる。

うんちができるまでを見《み》てみるのだ
どうして、便秘《べんぴ》やげりになるんだろう?
大腸《だいちょう》の中《なか》を進《すす》む速《はや》さで、水分《すいぶん》が吸収《きゅうしゅう》される量《りょう》が変《か》わって、便《べん》の状態《じょうたい》が変《か》わるのじゃ
食《た》べた物《もの》や体調《たいちょう》も関係《かんけい》するのデース

P54のクイズの答《こた》え：❸約《やく》6メートル（解説《かいせつ》：小腸《しょうちょう》が長《なが》いほど食《た》べ物《もの》からの栄養《えいよう》を取《と》りこみやすくなる。）

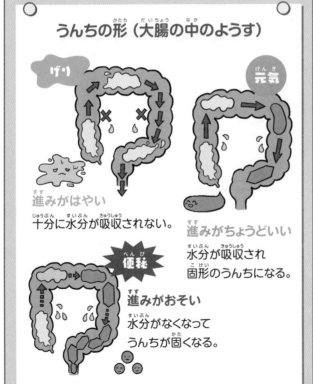

食《た》べ物《もの》をエネルギーにするには？

食《た》べ物《もの》がうんちに
なるまでは
わかったけど
吸収《きゅうしゅう》された
栄養《えいよう》は
どうなったの？
もちろん
アンドロイドも
人間《にんげん》と同《おな》じで栄養《えいよう》は
必要《ひつよう》なのだ
このゼリーも
エネルギーのもとに
なるのだ
人間《にんげん》は食《た》べ物《もの》からとった
栄養《えいよう》をエネルギーに変《か》えて
体《からだ》を動《うご》かしたり体《からだ》をつくったり
しているんだよね？
アンドロイド
専用《せんよう》ゼリー
栄養《えいよう》バッチリ
だったら
いろいろな食《た》べ物《もの》の
栄養《えいよう》からエネルギーを
とるアンドロイドに
するべきだよ！
うぐ!!

人間《にんげん》はさ 食《た》べたものから 自分《じぶん》で栄養《えいよう》を作《つく》り出《だ》せるから すごいよね
でも、やっぱり アンドロイドには ムリなんだね
ムリ
グサッ
わかったのだ ちゃんと栄養《えいよう》も吸収《きゅうしゅう》して エネルギーに変《か》えるように するのだ
やった！ さすがリラは 天才科学者《てんさいかがくしゃ》だな
ピク…
それほどでも ないのだ
ムフフ♡
サービスで おしっこも できるように しておくのだ！
リラは 単純《たんじゅん》だなぁ～

食《た》べ物《もの》の栄養《えいよう》はどこへ行《い》くの？

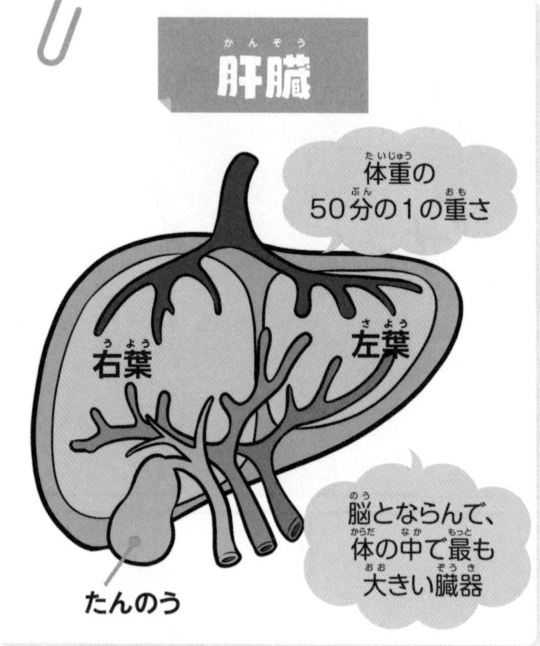
肝臓《かんぞう》
体重《たいじゅう》の
50分《ぶん》の1の重《おも》さ
右葉《うよう》
左葉《さよう》
脳《のう》とならんで、
体《からだ》の中《なか》で最《もっと》も
大《おお》きい臓器《ぞうき》
たんのう

胃《い》や腸《ちょう》からきた栄養《えいよう》は
血液《けつえき》にとけこんで、
肝臓《かんぞう》に集《あつ》まるのだ

食《た》べ物《もの》から吸収《きゅうしゅう》した栄養《えいよう》を
たくわえられる物質《ぶっしつ》に
変化《へんか》させるのじゃ

まるで
化学工場《かがくこうじょう》デース

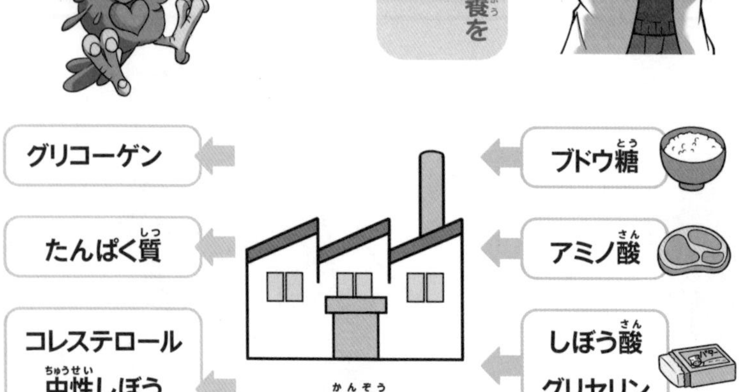
ブドウ糖《とう》
アミノ酸《さん》
しぼう酸《さん》
グリセリン
肝臓《かんぞう》
グリコーゲン
たんぱく質《しつ》
コレステロール
中性《ちゅうせい》しぼう
リンし質《しつ》

肝臓《かんぞう》には、他《ほか》にも有害物質《ゆうがいぶっしつ》を毒《どく》のないものにしたり、たんじゅうをつくったり、たくさんのはたらきがあるのだ

肝臓《かんぞう》のはたらき

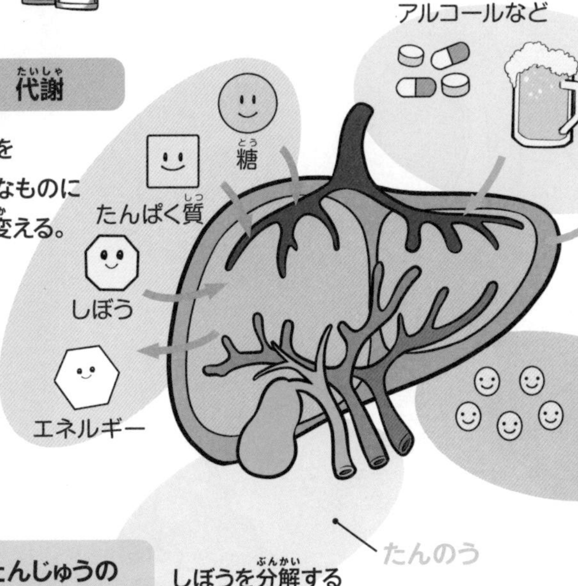
アルコールなど
糖《とう》
たんぱく質《しつ》
しぼう
エネルギー
たんのう

代謝《たいしゃ》

栄養《えいよう》を必要《ひつよう》なものに作《つく》り変《か》える。

解毒《げどく》

有害《ゆうがい》なものを害《がい》のないものにする。

貯蓄《ちょちく》

糖《とう》やビタミンなどの栄養《えいよう》を貯《た》めておく。

たんじゅうの生成《せいせい》・分《ぶん》ぴつ

しぼうを分解《ぶんかい》するたんじゅうをつくる。

肝臓《かんぞう》は、ケガや病気《びょうき》で一部《いちぶ》がなくなっても、再生《さいせい》するゆいいつの臓器《ぞうき》なんじゃ

それに、とても大切《たいせつ》なことを「肝心《かんじん》」というが、これは肝臓《かんぞう》と心臓《しんぞう》が言葉《ことば》の由来《ゆらい》なんじゃ

へぇ〜、博士《はかせ》物知《ものし》り！

どこでおしっこをつくっているの？

腎臓《じんぞう》

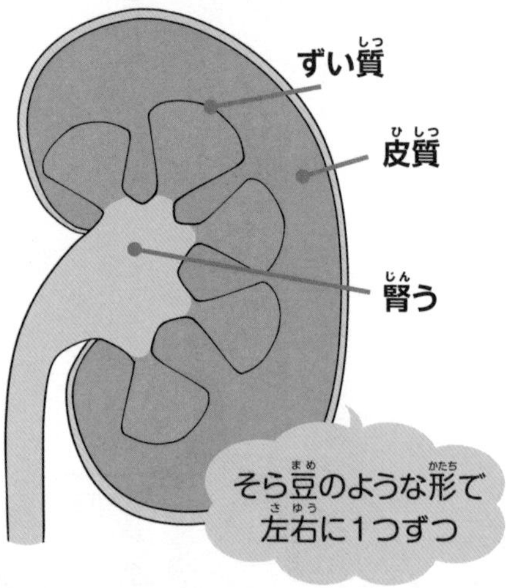

ずい質《しつ》
皮質《ひしつ》
腎《じん》う
そら豆《まめ》のような形《かたち》で
左右《さゆう》に1つずつ

おしっこを
つくっているのは
腎臓《じんぞう》なのだ

体《からだ》に必要《ひつよう》のない
ムダなものを、
おしっこで体《からだ》の外《そと》に
出《だ》しているのデース

おしっこは何《なに》から
つくられるの？

クイズ

1日《にち》にどれくらい
おしっこするかな？
（大人《おとな》の場合《ばあい》）

❶ 約《やく》150ミリリットル
❷ 約《やく》1.5リットル
❸ 約《やく》15リットル

個人差《こじんさ》もあるし、
季節《きせつ》によっても
ちがうのデース

答《こた》えは65ページにあるよ

おしっこが出《で》るしくみ

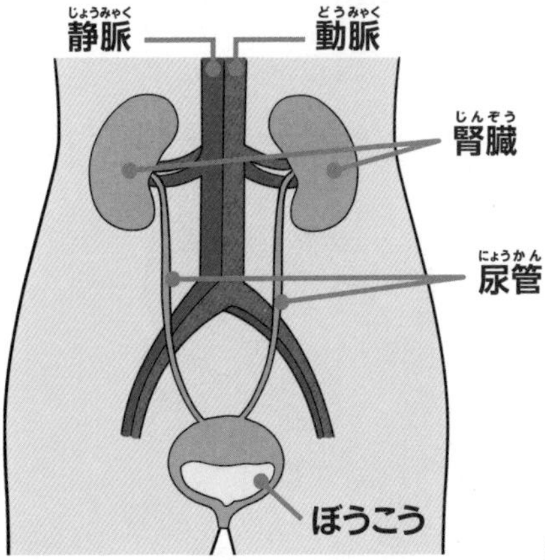

腎臓《じんぞう》には、血液《けつえき》が運《はこ》んできた体《からだ》にいらないものをこしとって、きれいにするしくみがある。1つの腎臓《じんぞう》には、約《やく》100万《まん》個《こ》のこすしくみが集《あつ》まっている。

血液《けつえき》から、おしっこをつくっているのだ

腎臓《じんぞう》を通《とお》る血液《けつえき》の量《りょう》は1分間《ぷんかん》に1リットル！
それがろかされて、
おしっこの元《もと》になる
原《げん》にょうができるのだ

のび縮《ちぢ》みするぼうこう

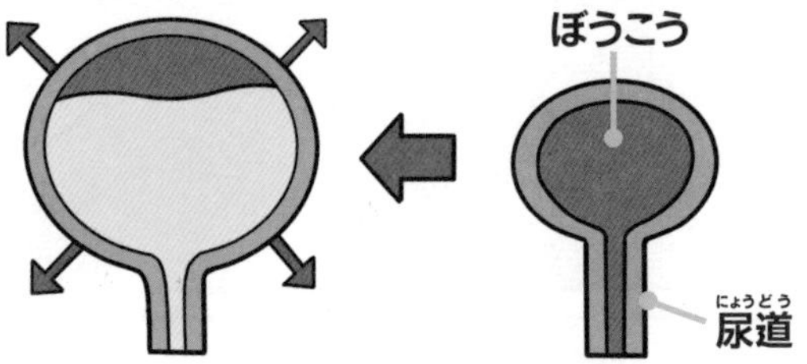

おしっこがたまるとふくらむ。

おしっこが入《はい》っていないときは縮《ちぢ》んでいる。

原《げん》にょうのうち、体《からだ》に必要《ひつよう》な
栄養素《えいようそ》が再《ふたた》び血管《けっかん》に吸収《きゅうしゅう》され、
おしっこになるのはたった
1パーセントなのデース

おしっこがたまる
ぼうこうは、
のび縮《ちぢ》みするふくろで、
200ミリリットルくらい
たまるとトイレに
行《い》きたくなるのじゃ

めんどうだけど人間《にんげん》と同《おな》じものを食《た》べて同《おな》じように消化吸収《しょうかきゅうしゅう》できるしくみを作《つく》ったのだ！
ワタシって天才《てんさい》！
ワタシ天才《てんさい》！
ワタシ天才《てんさい》！
パチ
パチ
パチ
ほら、ボクの大好物《だいこうぶつ》のドーナツだよ。いっしょに食《た》べよう！
はい、いっしょに食《た》べましょう

ドーナツ、おいしいね!
…おいしい? わかりません
もぐ もぐ
チョコ味《あじ》は好《す》きじゃないのかな?
チョコ味《あじ》? 好《す》き? わかりません
アンドロイドに味《あじ》はわからないのだ。データをインプットしていないからな
どよ〜ん
そっかぁ…
おやつをいっしょに食《た》べてもおいしいって気持《きも》ちを共有《きょうゆう》できないとつまらないね…
食《た》べ物《もの》をエネルギーに変《か》えられれば味《あじ》なんていらないのだ!
でも、そんなの全然《ぜんぜん》人間《にんげん》ぽくないよ!
ぽくナーイ!

P62のクイズの答《こた》え:❷約《やく》1.5リットル(解説《かいせつ》:大人《おとな》で1日《にち》1.5リットルくらいのおしっこが出《で》る。)

研究《けんきゅう》テーマ

腸《ちょう》の中《なか》に
お花畑《はなばたけ》があるって本当《ほんとう》?

腸《ちょう》の中《なか》には、100兆《ちょう》くらいの細菌《さいきん》がすんでいるのだ
この腸《ちょう》の中《なか》の環境《かんきょう》を、まるでお花畑《はなばたけ》のようだという意味《いみ》で「腸内《ちょうない》フローラ」と呼《よ》ぶのだ

よい菌《きん》
ビフィズス菌《きん》など

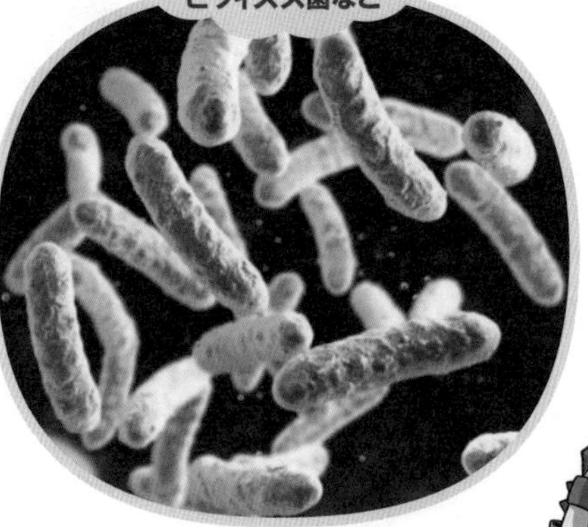

健康《けんこう》にいい菌《きん》もいれば、
健康《けんこう》を害《がい》する菌《きん》もいる。
腸内《ちょうない》の細菌《さいきん》のバランスが
大切《たいせつ》なのだ

ビフィズス菌《きん》は
聞《き》いたことがある！
ヨーグルトに
入《はい》っているよね

悪《わる》い菌《きん》
ウェルシュ菌《きん》など

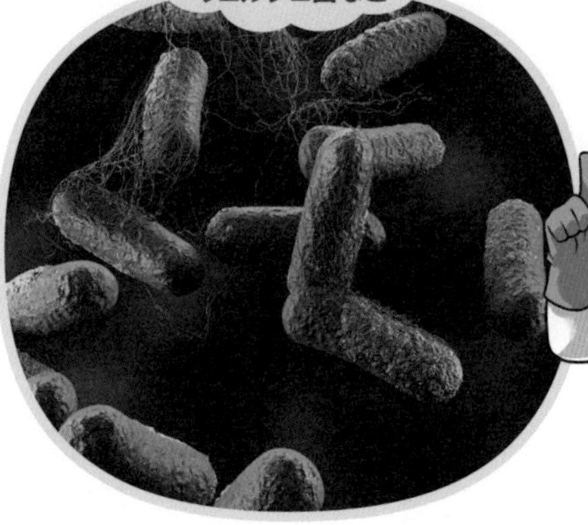

腸内細菌《ちょうないさいきん》のバランスが
くずれると、
病気《びょうき》になったり、体《からだ》の調子《ちょうし》が
悪《わる》くなったりするのじゃ

腸内細菌《ちょうないさいきん》の
バランスがいいと、
悪《わる》い菌《きん》もおさえこまれて
悪《わる》さができないんじゃ

クイズ

次《つぎ》のうち
体《からだ》によい細菌《さいきん》は
どれ？

❶ ブドウ球菌《きゅうきん》
❷ 乳酸菌《にゅうさんきん》
❸ 大腸菌《だいちょうきん》

聞《き》いたことの
ある菌《きん》はあるかな？

答《こた》えは68ページにあるよ。

チャレンジ編《へん》

リラの
研究《けんきゅう》ノート❷

チャレンジテーマ

5大栄養素《だいえいようそ》
まんべんなく食《た》べよう！

糖質《とうしつ》
し質《しつ》
たんぱく質《しつ》
ビタミン
ミネラル
MILK
5大《だい》
栄養素《えいようそ》

おにぎりが好《す》きだから、お米《こめ》ばっかり食《た》べたいな

お米《こめ》だけでは、体《からだ》を動《うご》かすための栄養《えいよう》が足《た》りないのだ

5大栄養素《だいえいようそ》を全部《ぜんぶ》とれているカナ？

チャレンジ 昨日《きのう》食《た》べた物《もの》はあるかな？　上《うえ》の図《ず》を参考《さんこう》に、食《た》べた物《もの》の栄養素《えいようそ》に○をつけよう。

たんぱく質《しつ》	し質《しつ》	糖質《とうしつ》	ミネラル	ビタミン

P67のクイズの答《こた》え

❷乳酸菌《にゅうさんきん》　❶ブドウ球菌《きゅうきん》と❸大腸菌《だいちょうきん》は、悪玉菌《あくだまきん》で健康《けんこう》をおびやかす細菌《さいきん》。

第《だい》3章《しょう》

「五《ご》感《かん》」ってなに？

オレンジジュースはあま酸《ず》っぱくておいしい？

研究室《けんきゅうしつ》の中《なか》は
暑《あつ》いなぁ～
ぐでら
リラ
何《なに》か飲《の》み物《もの》はない？
冷蔵庫《れいぞうこ》に
飲《の》み物《もの》があるから
勝手《かって》に飲《の》むのだ
ガチャ
お！
オレンジ
ジュースが
あるじゃん
いただき
まーす！
オレンジ
100%
待《ま》てよ…

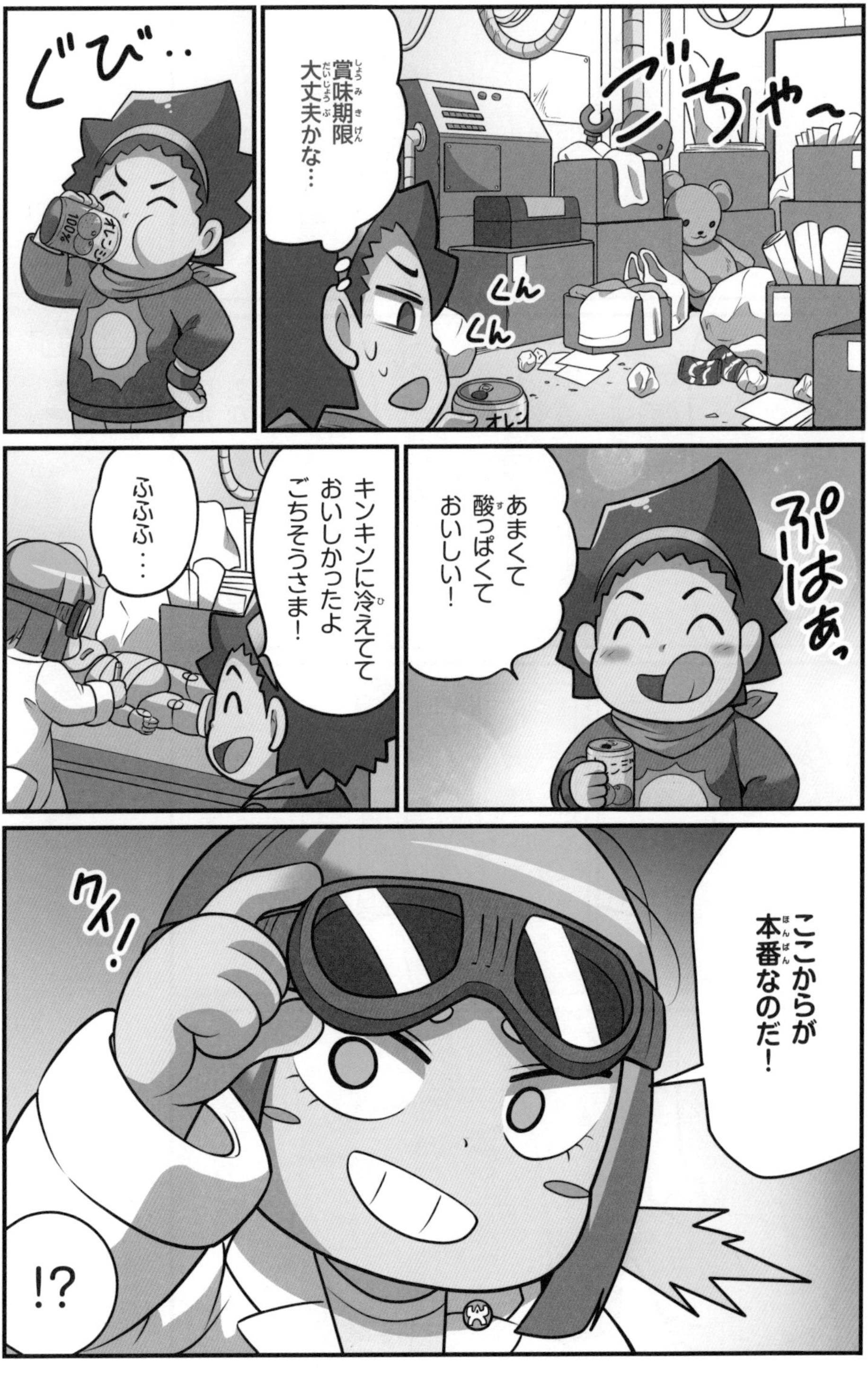
ごちゃ～
賞味期限《しょうみきげん》大丈夫《だいじょうぶ》かな…
くん くん
ぐび…
ぷはあっ
あまくて酸《す》っぱくておいしい！
キンキンに冷《ひ》えてておいしかったよごちそうさま！
ふふふ…
クイ！
ここからが本番《ほんばん》なのだ！
!?

「五感《ごかん》」ってなんだろう？

本番《ほんばん》って
どういうこと？
アンドロイド
づくりは
ここからが難《むずか》しい
ってことなのだ
体《からだ》を
動《うご》かせるようになって
話《はな》して食《た》べられる
ようになった。
うんちもできる…
う～ん
これからいったい
何《なに》をつくるんだ？
ジュースを
飲《の》むまでにも
人間《にんげん》のすごい機能《きのう》を
使《つか》ってるのだ
う～ん
うでの筋肉《きんにく》とか？
五感《ごかん》なのだ！

ファイル.3

五感《ごかん》

五感《ごかん》をとぎすますのデース

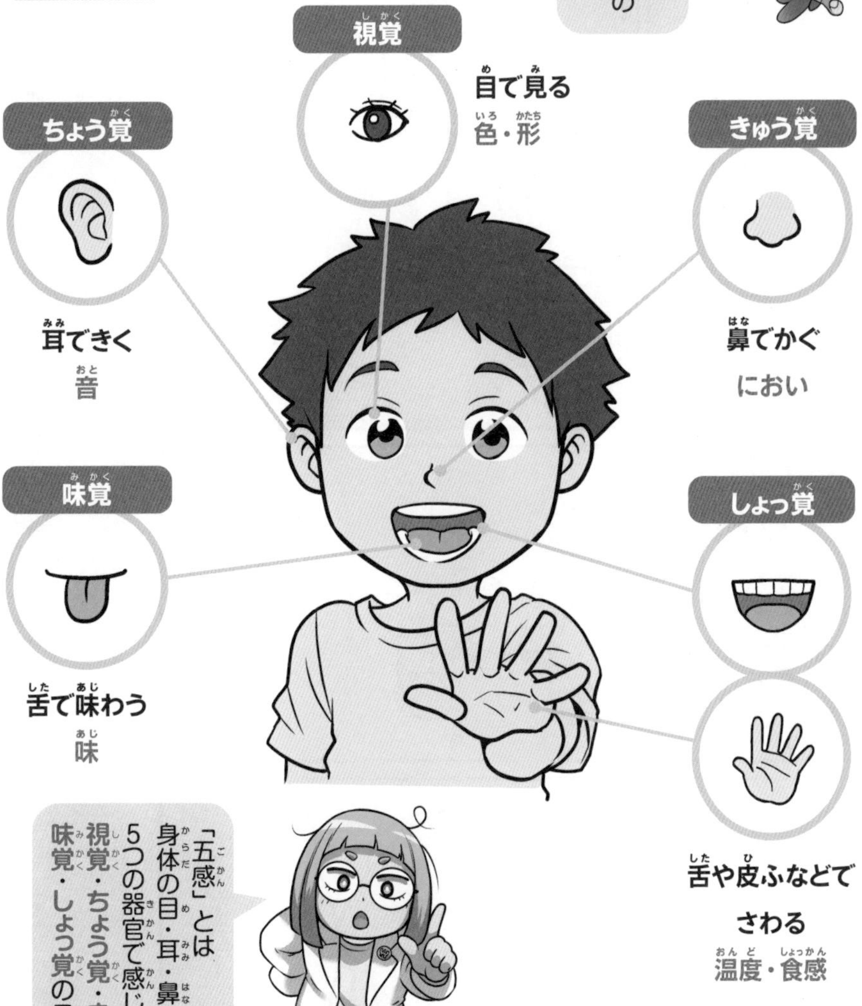
視覚《しかく》
目《め》で見《み》る
色《いろ》・形《かたち》
ちょう覚《かく》
耳《みみ》できく
音《おと》
きゅう覚《かく》
鼻《はな》でかぐ
におい
味覚《みかく》
舌《した》で味《あじ》わう
味《あじ》
しょっ覚《かく》
舌《した》や皮《ひ》ふなどでさわる
温度《おんど》・食感《しょっかん》

「五感《ごかん》」とは身体《からだ》の目《め》・耳《みみ》・鼻《はな》・口《くち》・皮《ひ》ふの5つの器官《きかん》で感《かん》じる、視覚《しかく》・ちょう覚《かく》・きゅう覚《かく》・味覚《みかく》・しょっ覚《かく》のことなのだ

耳《みみ》でどうやって音《おと》をきいているの?

よーく考《かんが》えてみるのだ
まず冷蔵庫《れいぞうこ》に飲《の》み物《もの》があるってわかったのはなぜ?
だってリラがそう言《い》ったのが聞《き》こえたから…
ハッ!
聞《き》こえたってことは耳《みみ》を使《つか》ったってことだよね?
うんうん
その通《とお》り! サンは耳《みみ》で聞《き》いたのだ
五感《ごかん》の1つ目《め》、〝聴覚《ちょうかく》〟から調《しら》べていくのだ!

耳《みみ》（音《おと》をきくしくみ）

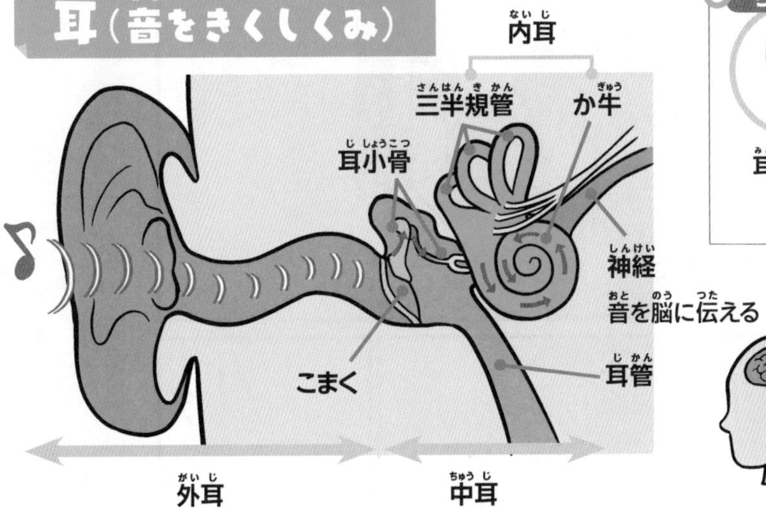
内耳《ないじ》
三半規管《さんはんきかん》
か牛《ぎゅう》
耳小骨《じしょうこつ》
神経《しんけい》
音《おと》を脳《のう》に伝《つた》える
こまく
耳管《じかん》
外耳《がいじ》
中耳《ちゅうじ》

ちょう覚《かく》

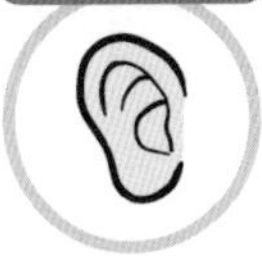

耳《みみ》できく
音《おと》

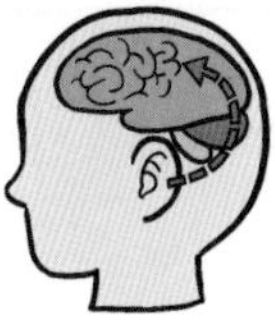

音《おと》は空気《くうき》を波《なみ》のようにふるわす。そのふるえが耳《みみ》の穴《あな》を通《とお》ってうすいこまくをふるわせ、内耳《ないじ》に届《とど》くのだ

内耳《ないじ》にはカタツムリのような形《かたち》の「か牛《ぎゅう》」という音《おと》を受《う》け取《と》る器官《きかん》があって、そこで音《おと》を、電気信号《でんきしんごう》に変《か》えて脳《のう》に伝《つた》えるのだ

耳《みみ》は2つあるから、音《おと》がどちらから聞《き》こえてくるか、方向《ほうこう》がわかりやすくなっているんだね

クイズ

人間《にんげん》には聞《き》こえない音《おと》でコミュニケーションをとる動物《どうぶつ》はどれ？

❶ イルカ
❷ ゾウ
❸ コウモリ

答《こた》えは77ページにあるよ。

目《め》でどうやってものを見《み》ているの？

次《つぎ》に冷蔵庫《れいぞうこ》の中《なか》の飲《の》み物《もの》がオレンジジュースってわかったのはなぜ？
それはオレンジ色《いろ》だったしラベルの文字《もじ》や絵《え》を見《み》たから…
オレンジ
100%
ハッ
パシッ
そうか！目《め》で見《み》たからわかったんだ！
そのとおり！
人間《にんげん》の目《め》ってすごいのだ
たくさんの情報《じょうほう》をゲットできただろう？
五感《ごかん》の2つ目《め》、
〝視覚《しかく》〟を調《しら》べるのだ！

目《め》（物《もの》を見《み》るしくみ）

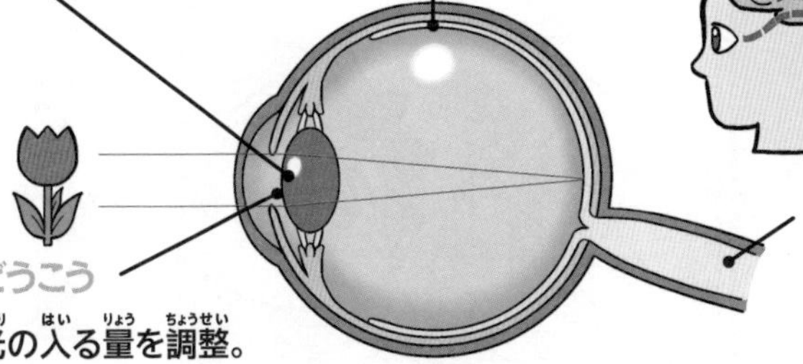

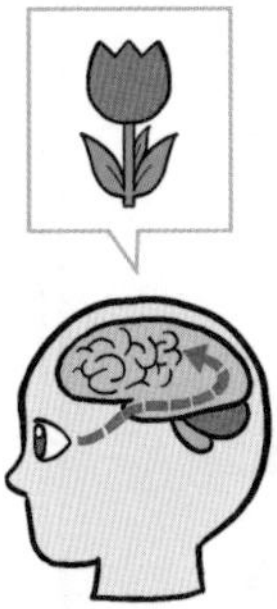

水晶体《すいしょうたい》

目《め》のレンズ。厚《あつ》さを変《か》えてピントを合《あ》わせる。

もうまく

見《み》たものが映《うつ》る。

どうこう

光《ひかり》の入《はい》る量《りょう》を調整《ちょうせい》。

視神経《ししんけい》

もうまくに映《うつ》った形《かたち》や色《いろ》を電子信号《でんししんごう》で脳《のう》に伝《つた》える。

視覚《しかく》

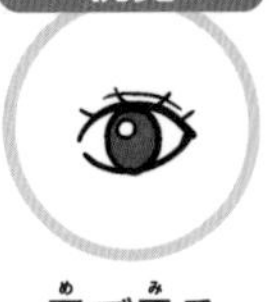

目《め》で見《み》る

色《いろ》・形《かたち》

物《もの》が見《み》えるのは、物《もの》に光《ひかり》が当《あ》たって、その光《ひかり》が目《め》に届《とど》くからなのだ

その光《ひかり》が目《め》の入《い》り口《ぐち》（どうこう）を通《とお》って入《はい》り、スクリーン（もうまく）に映《うつ》ることで、物《もの》が見《み》えるのだ

左右《さゆう》の目《め》で見《み》ることで物《もの》が立体的《りったいてき》に見《み》えるのデース

カミナリは光《ひか》った後《あと》に音《おと》がおくれて聞《き》こえてくる。それは、光《ひかり》のほうが音《おと》よりもずっと速《はや》く伝《つた》わるからじゃ

カミナリの音《おと》と光《ひかり》の伝《つた》わり方《かた》

カミナリの光《ひかり》

いっしゅんで伝《つた》わる

（1秒《びょう》に30万《まん》キロメートル進《すす》む）

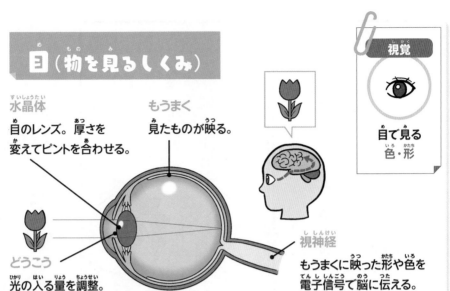

カミナリの音《おと》

伝《つた》わるのに時間《じかん》がかかる

（1秒《びょう》に340メートル進《すす》む）

花火《はなび》も同《おな》じだね！

P75のクイズの答《こた》え：❶❷❸全部《ぜんぶ》　解説《かいせつ》：❶イルカ❸コウモリは人《ひと》に聞《き》き取《と》れない高《たか》い音《おと》（超音波《ちょうおんぱ》）、❷ゾウは人《ひと》に聞《き》き取《と》れない低《ひく》い音《おと》（超低周波《ちょうていしゅうは》）。

鼻《はな》でどうやってにおいをかいでいるの？

あと、ジュースがくさってないか心配《しんぱい》でにおいをかいで確認《かくにん》したんだ
ピシッ
くさってる!?
これって鼻《はな》も使《つか》ってるね！
それはそうだけど失礼《しつれい》なやつなのだ！
人間《にんげん》の鼻《はな》もすごいのだ。においをかぐことで危険《きけん》を察知《さっち》することだってできる
五感《ごかん》の3つ目《め》、“きゅう覚《かく》”を調《しら》べるのだ！
リラのゲップでギョーザを食《た》べたこともわかるのデース
ムキーッ

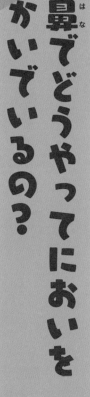

鼻《はな》（においをかぐしくみ）

きゅう覚《かく》

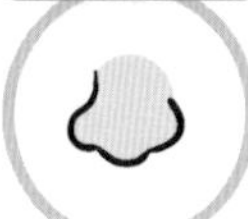

鼻《はな》でかぐ
におい

きゅう球《きゅう》
きゅう神経《しんけい》が集《あつ》まり、においの情報《じょうほう》を大脳《だいのう》へ伝《つた》える。

きゅう神経《しんけい》
先《さき》にきゅう細《さい》ぼうがついていて、においをキャッチする。

きゅう上皮《じょうひ》
たくさんのきゅう神経《しんけい》がならんでいるねんまく。

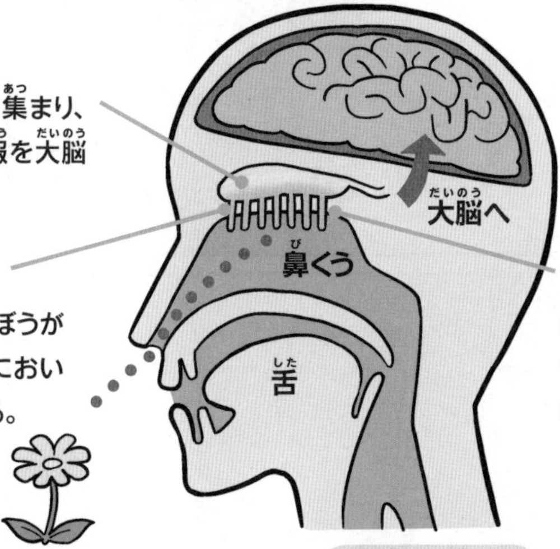

呼吸《こきゅう》などで空気《くうき》といっしょに鼻《はな》に入《はい》ってきたにおいを、きゅう細《さい》ぼうがキャッチし、においの情報《じょうほう》をきゅう球《きゅう》から大脳《だいのう》に伝《つた》えるのだ

それで、においを感《かん》じることができるのデース

きゅう覚《かく》のすぐれた動物《どうぶつ》は？

ゾウは人間《にんげん》の5倍《ばい》！

犬《いぬ》は人間《にんげん》の2倍《ばい》！

きゅう覚受容体《かくじゅようたい》（においのしげきを受《う》け取《と》るところ）が最《もっと》も多《おお》い動物《どうぶつ》はゾウ。人間《にんげん》の5倍《ばい》もある。

犬《いぬ》って鼻《はな》がいいよね。きゅう覚《かく》のいちばんすぐれた動物《どうぶつ》って、やっぱり犬《いぬ》かな？

実《じつ》は、ゾウなんじゃ。きゅう覚《かく》の受容体《じゅようたい》がゾウは人間《にんげん》の5倍《ばい》もあるのじゃ

舌《した》でどうやって味《あじ》を感《かん》じているの？

残《のこ》りの五感《ごかん》はどこだろう？
オレンジジュースの味《あじ》の感覚《かんかく》をもう一度《いちど》思《おも》い出《だ》すのだ
え〜と、あまくて酸《す》っぱくておいしかったよ！
プハー！
あまくて酸《す》っぱくておいしかったデース！
ごく
ごく
ハッ
…そうか舌《した》だ！
正解《せいかい》！サンは舌《した》でジュースを味《あじ》わっていたのだ
五感《ごかん》の4つ目《め》、“味覚《みかく》”を調《しら》べるのだ！
ゲプ…

舌《した》（味《あじ》を感《かん》じる構造《こうぞう》）

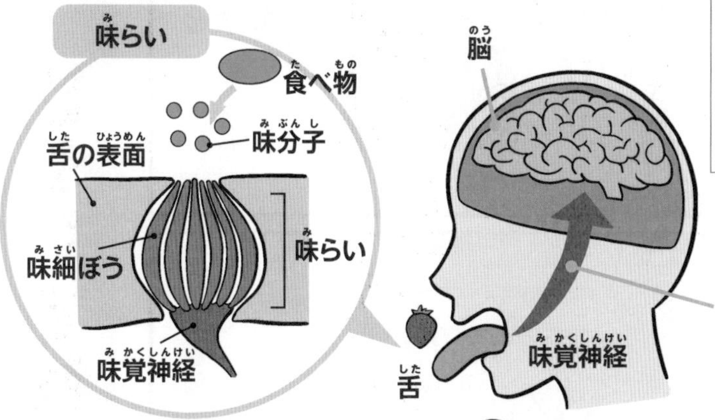
味《み》らい
食《た》べ物《もの》
味分子《みぶんし》
舌《した》の表面《ひょうめん》
味《み》らい
味細《みさい》ぼう
味覚神経《みかくしんけい》
脳《のう》
情報《じょうほう》を伝達《てんたつ》
味覚神経《みかくしんけい》
舌《した》

味覚《みかく》
舌《した》で味《あじ》わう
味《あじ》

味《あじ》を感《かん》じるのは、舌《した》など口《くち》の中《なか》のねんまくにある「味《み》らい」という感覚器《かんかくき》なのだ
これ！
舌《した》のつぶつぶには味《あじ》を感《かん》じるセンサーがたくさんつまっているんだね

基本《きほん》の味《あじ》を「五味《ごみ》」という。うま味《み》を発見《はっけん》したのは日本人《にほんじん》なのじゃ
あれ？からいは？
から味《み》は味《あじ》ではなく痛《いた》みデース！

五味《ごみ》
さとう
しお
甘味《あまみ》
酸味《さんみ》
塩味《えんみ》
苦味《にがみ》
うま味《み》
（こんぶ・干《ほ》ししいたけなど）

皮《ひ》ふは何《なに》かにふれたってどうしてわかるの？

キンキンに冷《ひ》えてたっていうのも体《からだ》の感覚《かんかく》を使《つか》っているのだ
オレンジ
100%
えっと…手《て》だよね？確《たし》かにジュースを手《て》で持《も》ったときに冷《つめ》たいって感《かん》じた！
そうなのだ！サンはジュースを手《て》でさわって冷《つめ》たいと感《かん》じたのだ
それに冷《つめ》たい飲《の》み物《もの》が欲《ほ》しかったのは体全体《からだぜんたい》で暑《あつ》さを感《かん》じたからなのだ！
人間《にんげん》は体中《からだじゅう》にたくさんのセンサーがあっていろいろなことを感《かん》じているのだ
ガク
ガク
いてて‥
あつっ‥
五感《ごかん》の5つ目《め》、〝しょっ覚《かく》〟を調《しら》べるのだ！

しょっ覚《かく》のしくみ

皮《ひ》ふのようす

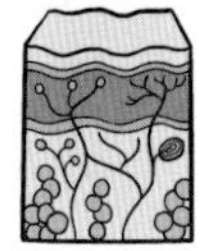

皮《ひ》ふにはいろいろなしげきを感《かん》じる感覚器《かんかくき》がある。

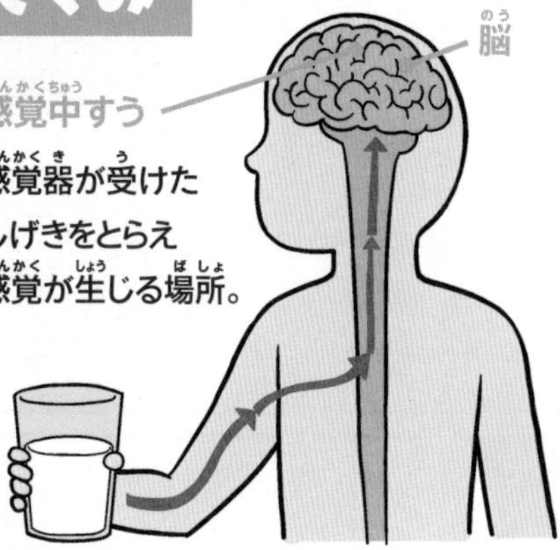

感覚中《かんかくちゅう》すう

感覚器《かんかくき》が受《う》けたしげきをとらえ感覚《かんかく》が生《しょう》じる場所《ばしょ》。

しょっ覚《かく》

舌《した》や皮《ひ》ふなどでさわる

温度《おんど》・食感《しょっかん》

皮《ひ》ふには、外《そと》のようすを知《し》るために、たくさんの感覚器《かんかくき》（センサー）がうまっているのだ

しょっ覚《かく》以外《いがい》の主《おも》な皮《ひ》ふの感覚《かんかく》

圧覚《あっかく》

おされたと感《かん》じる。

痛覚《つうかく》

痛《いた》みを感《かん》じる。

温覚《おんかく》

温《あたた》かさを感《かん》じる。

冷覚《れいかく》

冷《つめ》たさを感《かん》じる。

痛《いた》みを感《かん》じる「痛覚《つうかく》」が他《ほか》の感覚《かんかく》に比《くら》べていちばん多《おお》く、ひざの裏側《うらがわ》や首《くび》などが特《とく》に感《かん》じやすい。

皮《ひ》ふにはしょっ覚《かく》の他《ほか》にもいろいろな感覚《かんかく》があるよ

痛《いた》さなどをより強《つよ》く感《かん》じる場所《ばしょ》とそうでない場所《ばしょ》があるのじゃ

クイズ

センサーの数《かず》がいちばん多《おお》いのは？

❶ 痛覚《つうかく》
❷ しょっ覚《かく》
❸ 温覚《おんかく》

答《こた》えは85ページにあるよ。

よし！最新《さいしん》の技術《ぎじゅつ》を使《つか》って人間《にんげん》の〝感《かん》じる〟機能《きのう》は全部《ぜんぶ》つけ終《お》わったのだ
そうだ！忘《わす》れないうちにと…
L《エル》04
それは何《なに》？
サインなのだ
L研究所《エルけんきゅうじょ》の4番目《ばんめ》のアンドロイドっていう意味《いみ》
ワタシにとっては記念《きねん》すべき一人目《ひとりゆ》だけどね！
うん
うん
リラ、やっとここまでできたのう

ゴン
ああ！
へこんじゃった！せっかくキレイにできたのに～
あれ？この子《こ》痛《いた》くないの？
痛《いた》みは感《かん》じないほうがいいからその機能《きのう》はつけてないのだ
それって人間《にんげん》っぽくないよ！
ムキーッ
ボクはちゃんとした人間《にんげん》のような友《とも》だちが欲《ほ》しいんだ！
確《たし》かに痛《いた》いって感《かん》じることは人間《にんげん》にとっては必要《ひつよう》なことじゃ
痛《いた》みは体《からだ》がこわれそうだっていう警告《けいこく》だからのう
でもアンドロイドはこわれたら部品《ぶひん》を交《こう》かんすればいいのだ！
だから痛《いた》みはムダな機能《きのう》なのだ！
じ～っ
はぁ～わかったのだ痛《いた》みを感《かん》じる機能《きのう》もつけるのだ
しぶ
しぶ…
パァァ

P83のクイズの答《こた》え：❶痛覚《つうかく》（解説《かいせつ》：痛覚《つうかく》の感覚点《かんかくてん》・痛点《つうてん》の数《かず》は多《おお》く、多《おお》い場所《ばしょ》では1平方《へいほう》センチメートルあたり200個以上《こいじょう》もある。痛《いた》みは危険信号《きけんしんごう》の役割《やくわり》があるため多《おお》い。）

研究《けんきゅう》テーマ

鼻《はな》をつまむと味《あじ》がわからない!?

味《あじ》がうすい
味《あじ》がしない
おいしくない

鼻《はな》をつまむと食《た》べ物《もの》の味《あじ》がわからなくなることがあるのだ
でも、味《あじ》って舌《した》で感《かん》じるものだから、鼻《はな》をつまんでも関係《かんけい》ないいんじゃないの?
え!?
もちろんいちばん大事《だいじ》なのは舌《した》で感《かん》じる味《あじ》じゃ
でも、それだけではない。五感全《ごかんすべ》てを使《つか》って「おいしい」と感《かん》じているのじゃ

自分《じぶん》の体《からだ》で確《たし》かめてみよう！

鼻《はな》をつまんで食《た》べてみよう！
味《あじ》は変《か》わるかな？

味覚《みかく》
おいしい！
きゅう覚《かく》
いいにおい
ジュージュー
視覚《しかく》
おいしそう
ちょう覚《かく》
焼《や》きたて！
しょっ覚《かく》
いい歯《は》ごたえ
シャキシャキ

においも「おいしい」と感《かん》じる大切《たいせつ》な要素《ようそ》なのだ
においだけでよだれが出《で》てくるよね
5つの情報《じょうほう》が脳《のう》でいっしょになって「おいしい」と感《かん》じるのじゃ
ひとつでも欠《か》けると、味《あじ》がじゅうぶん感《かん》じられなくなるのデース

クイズ

味《み》らいの数《かず》がいちばん多《おお》いのは？

❶ 赤《あか》ちゃん
❷ 大人《おとな》
❸ お年寄《としよ》り

答《こた》えは88ページにあるよ。

チャレンジテーマ

利《き》き目《め》はどっちか確《たし》かめてみよう！

【調《しら》べ方《かた》】

❶顔《かお》の前《まえ》にえんぴつを立《た》てて持《も》つ。

❷両目《りょうめ》で見《み》ながら、柱《はしら》などの真《ま》っすぐなものにえんぴつを合《あ》わせる。

❸そのまま、片目《かため》ずつつぶって見《み》たときに、柱《はしら》とえんぴつがずれていないほうが利《き》き目《め》。

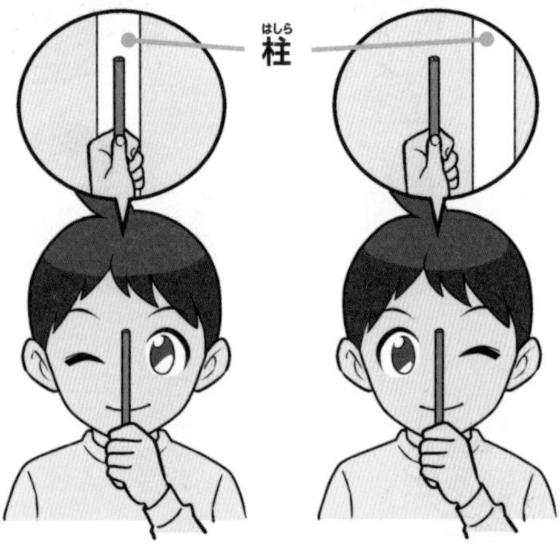
利《き》き目《め》
柱《はしら》
利《き》き目《め》じゃない目《め》

結果《けっか》 利《き》き目《め》はどっちだった？

□ 右目《みぎめ》　□ 左目《ひだりめ》

ボクは右目《みぎめ》だったよ

利《き》き手《て》と同《おな》じだったかな？

P87のクイズの答《こた》え

❶赤《あか》ちゃん　味《み》らいの数《かず》は、赤《あか》ちゃんのときは約《やく》1万個《まんこ》あるといわれる。しかし、年《とし》をとるほどに減《へ》っていく。

第《だい》4章《しょう》

「自分《じぶん》で判断《はんだん》」するには？

命令《めいれい》されなくても動《うご》くには？

ねえ、サン。ここまでが
アンドロイドの
限界《げんかい》だって思《おも》ってない？
昔《むかし》から言《い》われてきた
ことなんだけど…
人間《にんげん》は
命令通《めいれいどお》りに動《うご》く
ロボットしか
つくれないんだって
確《たし》かに
そのイメージは
あるかも
だってロボットは
考《かんが》えるっていうことが
できないから
チッチッ
実《じつ》はそれ、
古《ふる》い考《かんが》え方《かた》なのだ

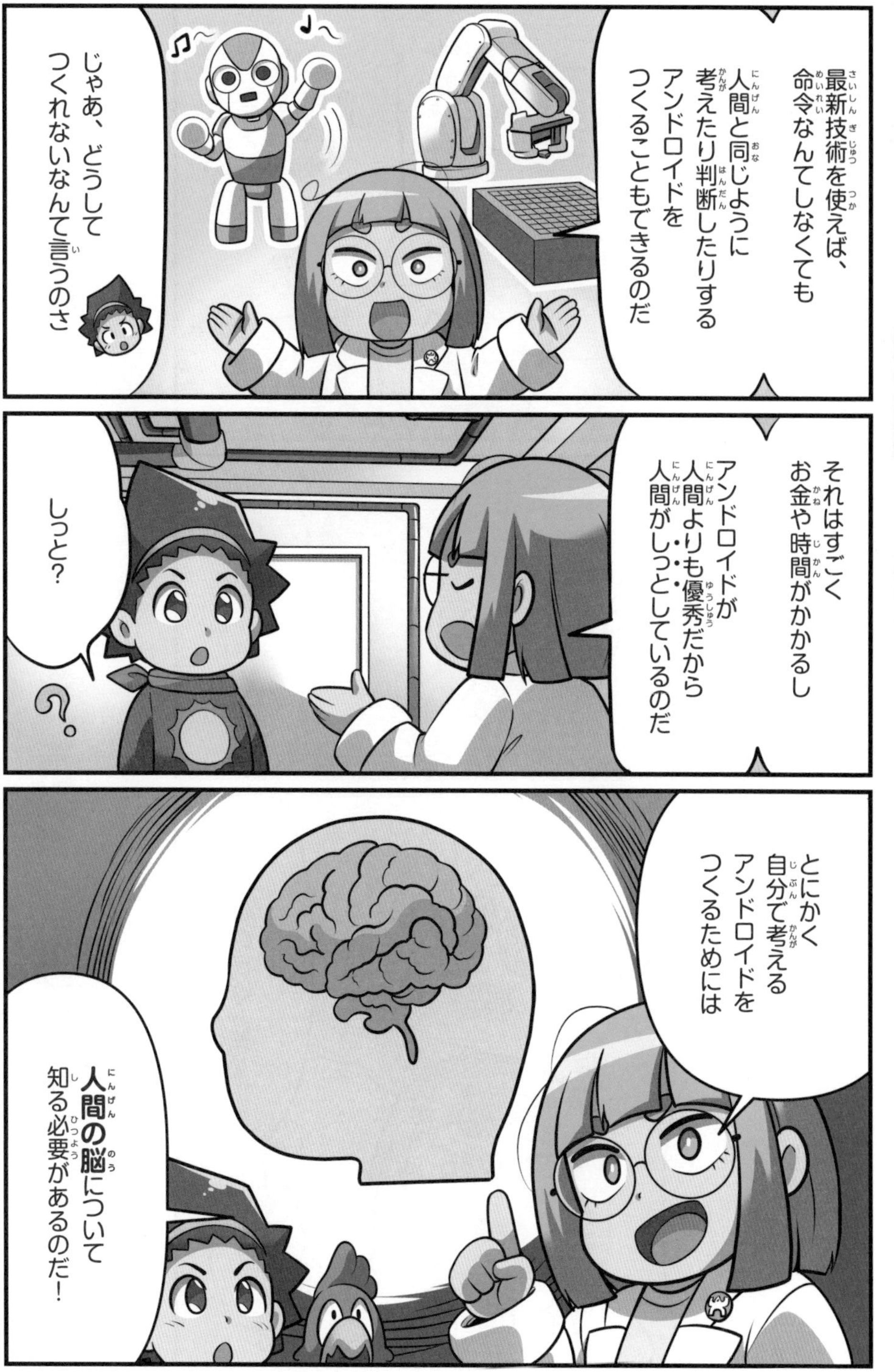
最新技術《さいしんぎじゅつ》を使《つか》えば、
命令《めいれい》なんてしなくても
人間《にんげん》と同《おな》じように
考《かんが》えたり判断《はんだん》したりする
アンドロイドを
つくることもできるのだ
じゃあ、どうして
つくれないなんて言《い》うのさ
それはすごく
お金《かね》や時間《じかん》がかかるし
アンドロイドが
人間《にんげん》よりも優秀《ゆうしゅう》だから
人間《にんげん》がしっとしているのだ
しっと?
とにかく
自分《じぶん》で考《かんが》える
アンドロイドを
つくるためには
人間《にんげん》の脳《のう》について
知《し》る必要《ひつよう》があるのだ!

脳《のう》はどんなはたらきをするの？

脳《のう》はとうふのようにやわらかくてとてもこわれやすいから固《かた》い頭《とう》がい骨《こつ》におおわれているのだ
ほね
こうまく
くもまく
なんまく
さらに脳《のう》は3層《そう》のまくで包《つつ》まれているのだ
すごく厳重《げんじゅう》に守《まも》られているんだね
それだけ人間《にんげん》にとって大切《たいせつ》なものというわけなのだ
脳《のう》は体《からだ》の司令《しれい》とう！
脳《のう》が出《だ》す命令《めいれい》をどうやって体中《からだじゅう》に届《とど》けているのか見《み》ていくのだ

ファイル.4

脳《のう》

脳《のう》のはたらきは、おもに3つデース！
脳《のう》の断面図《だんめんず》を見《み》てみるのだ！

大脳《だいのう》

人体《じんたい》の司令《しれい》とう

ものを考《かんが》えたり、作《つく》り出《だ》したり、人間《にんげん》らしい知的《ちてき》な行動《こうどう》を生《う》み出《だ》す。

小脳《しょうのう》

運動《うんどう》機能《きのう》を調整《ちょうせい》

歩《ある》く・立《た》つなどの運動《うんどう》がスムーズに行《おこな》えるよう、筋肉《きんにく》の動《うご》きを調整《ちょうせい》する。

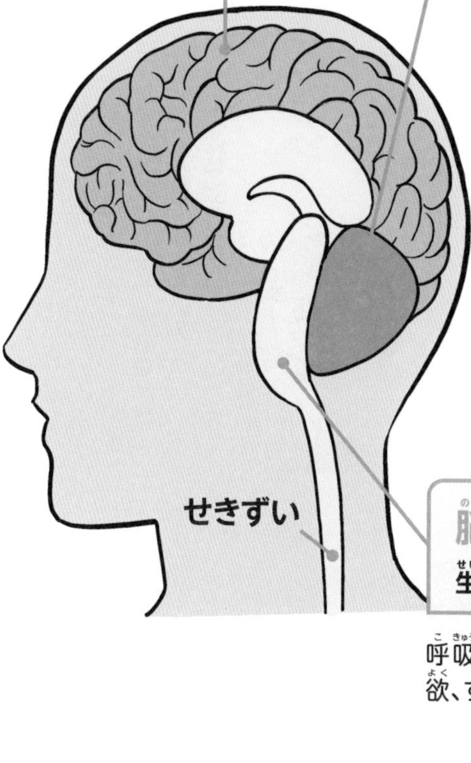
せきずい

脳《のう》かん

生命《せいめい》をいじ

呼吸《こきゅう》や心臓《しんぞう》の動《うご》き、体温《たいおん》、食《しょく》欲《よく》、すいみんなどの調整《ちょうせい》を行《おこな》う。

脳《のう》がはたらかないとどうなるの？

大脳《だいのう》

右脳《うのう》と左脳《さのう》があり、それぞれが大《おお》きく4つの領域《りょういき》に分《わ》かれている。

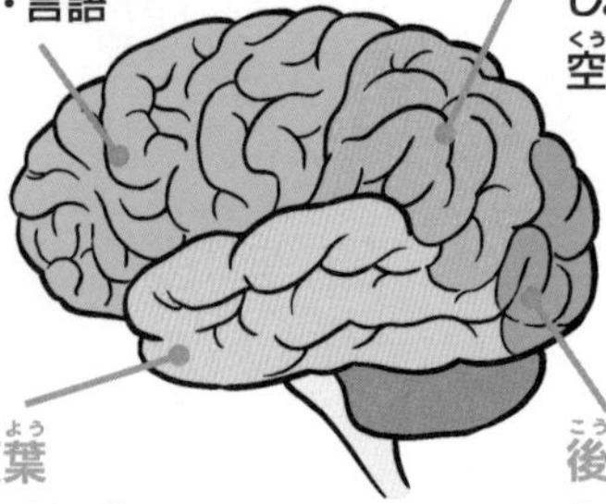
前頭葉《ぜんとうよう》
運動《うんどう》・言語《げんご》
頭頂葉《とうちょうよう》
しょっ覚《かく》・空間《くうかん》はあく
側頭葉《そくとうよう》
ちょう覚《かく》・記《き》おく
後頭葉《こうとうよう》
視覚《しかく》

脳《のう》がはたらかないと、話《はな》すことも、食《た》べることも、息《いき》をすることもできないのだ

特《とく》に、大脳《だいのう》は脳全体《のうぜんたい》の80パーセントをしめていて、人《ひと》の思考《しこう》や感覚《かんかく》、運動《うんどう》などをコントロールしている重要《じゅうよう》な部分《ぶぶん》なのだ
それって、生《い》きていられないってことじゃないか!

やっぱり脳《のう》が大《おお》きいと頭《あたま》もいいのデスカ?
そんなことはないぞ。有名《ゆうめい》な物理学者《ぶつりがくしゃ》のアインシュタインの脳《のう》の重《おも》さは１２３０グラムで日本人《にほんじん》の男性《だんせい》の平均《へいきん》よりも軽《かる》いんじゃ

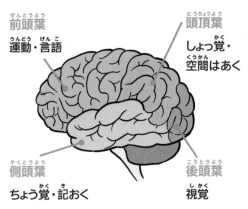

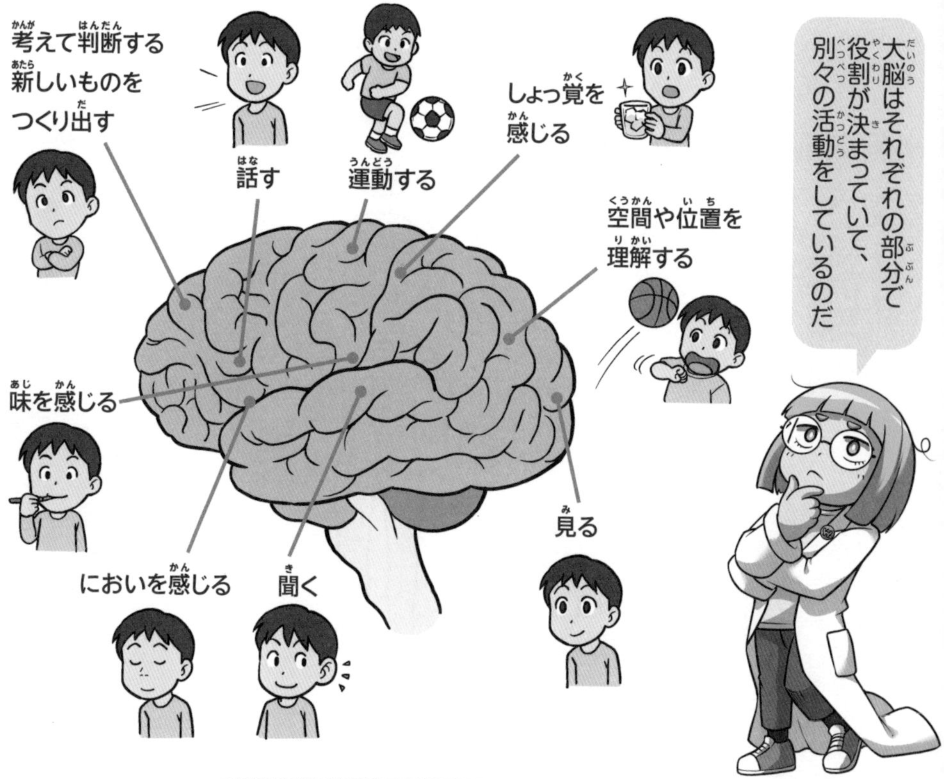
考《かんが》えて判断《はんだん》する
新《あたら》しいものをつくり出《だ》す
話《はな》す
運動《うんどう》する
しょっ覚《かく》を感《かん》じる
空間《くうかん》や位置《いち》を理解《りかい》する
味《あじ》を感《かん》じる
見《み》る
においを感《かん》じる
聞《き》く
大脳《だいのう》はそれぞれの部分《ぶぶん》で役割《やくわり》が決《き》まっていて、別々《べつべつ》の活動《かつどう》をしているのだ

ボクはどっちが得意《とくい》かな？

左脳《さのう》と右脳《うのう》のちがい

考《かんが》える
論理的《ろんりてき》に
分《ぶん》せきする
感《かん》じる
イメージする
ひらめく
左脳《さのう》
右脳《うのう》
こんにちは
2+3
10÷2
読《よ》む
書《か》く
計算《けいさん》
思考《しこう》
音楽《おんがく》
芸術《げいじゅつ》
創造《そうぞう》
感情《かんじょう》

脳《のう》は左右《さゆう》でもはたらきがちがっていて、利《き》き手《て》のように、人《ひと》によって左脳《さのう》と右脳《うのう》ではたらきやすいほうがある。

神経《しんけい》ってどんなはたらきをしているの？

神経《しんけい》

中《ちゅう》すう神経《しんけい》

体中《からだじゅう》から情報《じょうほう》を集《あつ》め、命令《めいれい》を送《おく》る。

脳《のう》とせきずいからなる。

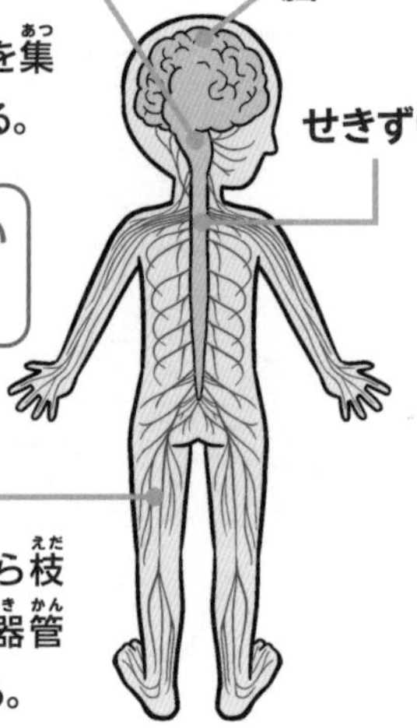
脳《のう》
せきずい

末《まっ》しょう神経《しんけい》

中《ちゅう》すう神経《しんけい》から枝《えだ》分《わ》かれして各器管《かくきかん》の情報《じょうほう》を伝《つた》える。

体性神経《たいせいしんけい》（感覚神経《かんかくしんけい》・運動神経《うんどうしんけい》）と自律神経《じりつしんけい》に分《わ》けられる。

※自律神経《じりつしんけい》の説明《せつめい》は101ページ

体中《からだじゅう》に神経《しんけい》が張《は》りめぐらされているね

神経《しんけい》は、体中《からだじゅう》から情報《じょうほう》を集《あつ》め、脳《のう》が正《ただ》しく命令《めいれい》を出《だ》せるようにはたらいているのだ
1000億《おく》個《こ》以《い》上《じょう》もの神経細《しんけいさい》ぼう（ニューロン）が情報伝達《じょうほうでんたつ》を行《おこな》っているのだ

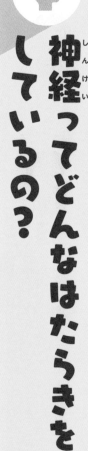

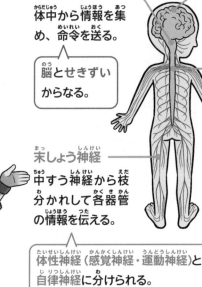

スポーツがよくできる人《ひと》のことを「運動神経《うんどうしんけい》がいい」っていうけど…

実際《じっさい》は、筋肉《きんにく》を動《うご》かす命令《めいれい》を伝《つた》える運動神経《うんどうしんけい》だけではなく、まわりの状《じょう》きょうを伝《つた》える感覚神経《かんかくしんけい》もよくないといけないのじゃ

神経伝達《しんけいでんたつ》のしかた

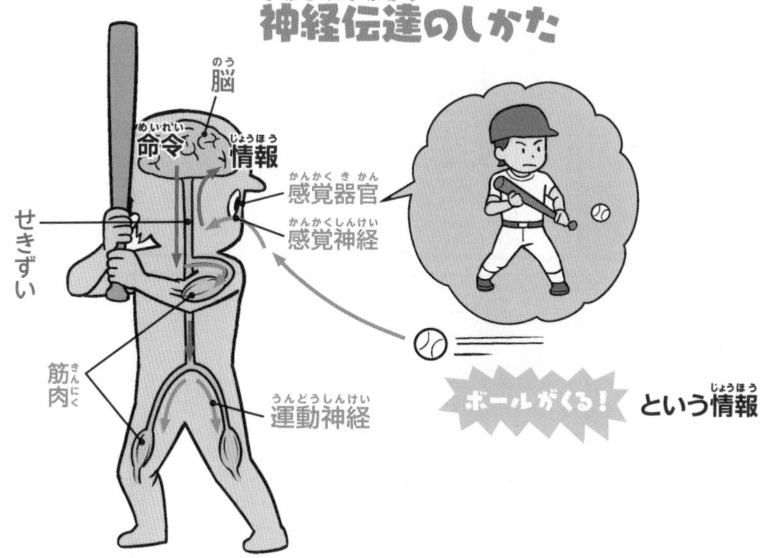
脳《のう》
命令《めいれい》
情報《じょうほう》
感覚器官《かんかくきかん》
感覚神経《かんかくしんけい》
せきずい
筋肉《きんにく》
運動神経《うんどうしんけい》
ボールがくる!
という情報《じょうほう》

ボールの情報《じょうほう》を集《あつ》めて伝《つた》える

脳《のう》につなぎ脳《のう》が命令《めいれい》を出《だ》す

命令《めいれい》を伝《つた》えてボールを打《う》つ

目《め》（感覚器官《かんかくきかん》）➡感覚神経《かんかくしんけい》➡せきずい➡脳《のう》➡せきずい➡運動神経《うんどうしんけい》➡筋肉《きんにく》

目《め》や皮《ひ》ふなどの感覚器官《かんかくきかん》で得《え》た情報《じょうほう》を「脳《のう》」に伝《つた》え、
「脳《のう》」の命令《めいれい》を伝《つた》えて体《からだ》を動《うご》かすのじゃ。

体《からだ》が勝《か》手《って》に動《うご》いちゃう!?

極秘《ごくひ》
これは人間《にんげん》の脳《のう》と同《おな》じように考《かんが》え記憶《きおく》し判断《はんだん》できるコンピューターなのだ
カパッ
これを頭《あたま》にセットして…
ふう! これでいいのだ
ジャジャーン!
自分《じぶん》で考《かんが》えることのできるアンドロイドなのだ〜!

あ!でもね
全《すべ》ての行動《こうどう》が脳《のう》からの命令《めいれい》を受《う》けて動《うご》いているわけじゃないのだ
え?どういうこと?命令《めいれい》なしで勝手《かって》に手《て》が動《うご》いたりするってこと?
ウガ〜
それってアンドロイドが暴走《ぼうそう》するってこと?
ひし…
ちがうのだ!暴走《ぼうそう》とかじゃなくて多《おお》くの人間《にんげん》が経験《けいけん》しているはずなのだ
例《たと》えば熱《あつ》い物《もの》に手《て》がふれたしゅん間《かん》に手《て》を放《はな》すことってあるでしょ?
アチチ…
だ液《えき》やあせが出《で》るのも同《おな》じデース!
へぇ〜
その時《とき》は“熱《あつ》いから手《て》を放《はな》せ”なんていちいち考《かんが》えずに体《からだ》が勝手《かって》に動《うご》いているのだ

脳《のう》が命《めい》令《れい》しなくても動《うご》くって本《ほん》当《とう》？

反射《はんしゃ》のしくみ

すばやく動《うご》くため、情報《じょうほう》が脳《のう》に行《い》く前《まえ》にせきずいで折《お》り返《かえ》す。

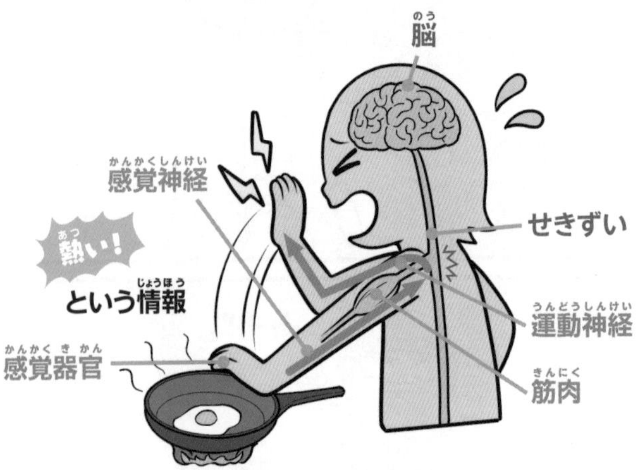
脳《のう》
感覚神経《かんかくしんけい》
熱《あつ》い！
という情報《じょうほう》
せきずい
運動神経《うんどうしんけい》
感覚器官《かんかくきかん》
筋肉《きんにく》

熱《あつ》いという情報《じょうほう》を伝《つた》える　脳《のう》を通《とお》さず…　ぱっと手《て》を放《はな》す

手《て》（感覚器官《かんかくきかん》）➡ 感覚神経《かんかくしんけい》 ➡ せきずい ➡ 運動神経《うんどうしんけい》 ➡ 筋肉《きんにく》

あるしげきに対《たい》して、脳《のう》が命令《めいれい》を出《だ》さなくても、無意識《むいしき》にぱっと体《からだ》が動《うご》くことがある。これが「反射《はんしゃ》」なのだ
熱《あつ》いものにさわったときなどだね
せきずい反射《はんしゃ》は、危険《きけん》をさけて体《からだ》を守《まも》るために大切《たいせつ》な反応《はんのう》なのじゃ

自律神経《じりつしんけい》のはたらき

自律神経《じりつしんけい》は心臓《しんぞう》の動《うご》きや呼吸《こきゅう》、あせや血圧《けつあつ》などを無意識《むいしき》に調整《ちょうせい》している神経《しんけい》。交感神経《こうかんしんけい》と副交感神経《ふくこうかんしんけい》があり、それぞれがバランスをとってはたらいている。

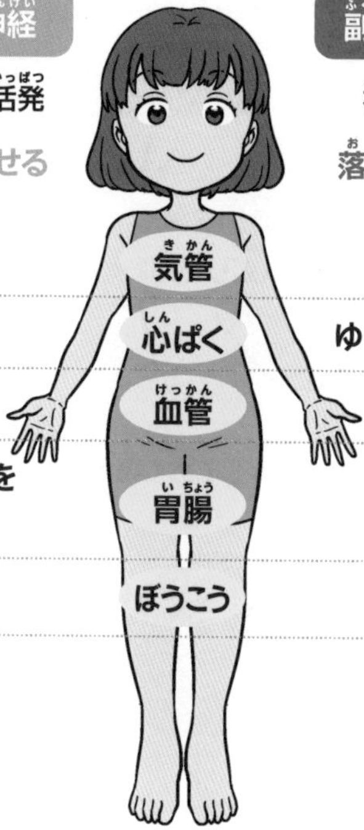

交感神経《こうかんしんけい》		副交感神経《ふくこうかんしんけい》
日中《にっちゅう》に活発《かっぱつ》		夜《よる》に活発《かっぱつ》
興奮《こうふん》させる		落《お》ち着《つ》かせる
広《ひろ》げる	気管《きかん》	せまくする
速《はや》くなる	心《しん》ぱく	ゆっくりになる
広《ひろ》くなる	血管《けっかん》	せまくなる
はたらきをおさえる	胃腸《いちょう》	活発《かっぱつ》にする
ゆるめる	ぼうこう	収縮《しゅうしゅく》する

無意識《むいしき》にしていることは、
自律神経《じりつしんけい》が関係《かんけい》しているのだ

自律神経《じりつしんけい》のバランスをくずすと、ねむれなくなったり、食欲《しょくよく》がなくなったりするんだって！

クイズ

レモンを見《み》ると酸《す》っぱく感《かん》じて、勝手《かって》にだ液《えき》が出《で》てくる。この反応《はんのう》は何《なに》？

❶ せきずい反射《はんしゃ》
❷ 条件反射《じょうけんはんしゃ》
❸ 歩行反射《ほこうはんしゃ》

梅干《うめぼ》しを見《み》ても、
同《おな》じ反応《はんのう》に
なるのデース。

答《こた》えは103ページにあるよ。

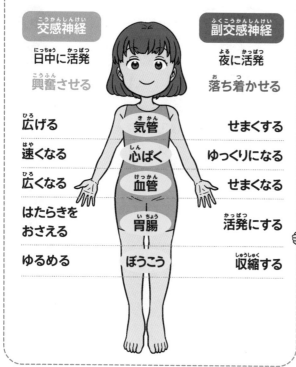

脳《のう》のどこに記《き》おくしているの？

記《き》おくの保存場所《ほぞんばしょ》

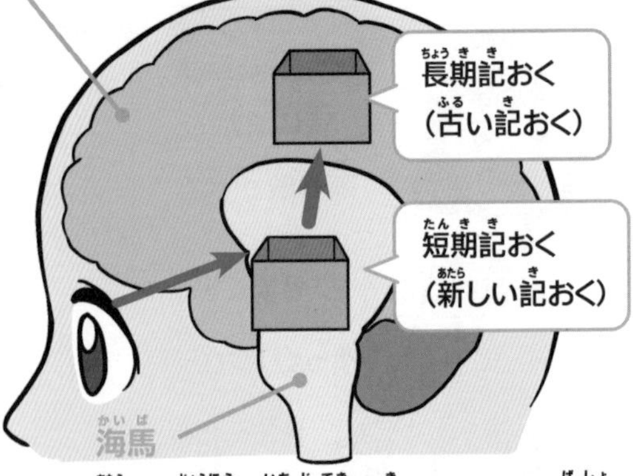
大脳皮質《だいのうひしつ》
大脳《だいのう》の表面《ひょうめん》をおおうシワシワの部分《ぶぶん》。五感《ごかん》や運動《うんどう》、言葉《ことば》や記《き》おく、思考《しこう》などに関《かか》わり、古《ふる》い記《き》おくを保存《ほぞん》している。
長期記《ちょうきき》おく（古《ふる》い記《き》おく）
短期記《たんきき》おく（新《あたら》しい記《き》おく）
海馬《かいば》
新《あたら》しい情報《じょうほう》を一時的《いちじてき》に記《き》おくしておく場所《ばしょ》

記《き》おくには、短期記《たんきき》おくと、長期記《ちょうきき》おくがあるのデース

短期記《たんきき》おくとしての「新《あたら》しい情報《じょうほう》」をくり返《かえ》し覚《おぼ》えていくうちに、長期的《ちょうきてき》な記《き》おくとなり、記《き》おくする場所《ばしょ》も「海馬《かいば》」から「大脳皮質《だいのうひしつ》」へと変《か》わるのだ

短期記《たんきき》おくと長期記《ちょうきき》おくでは、保存《ほぞん》しておく場所《ばしょ》がちがうのじゃ

初《はじ》めての人《ひと》の名前《なまえ》はわすれちゃうことがあるけど、友《とも》だちの名前《なまえ》はわすれないよね

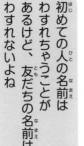

記《き》おくの種類《しゅるい》

短期記《たんきき》おく → くり返《かえ》すなどして記《き》おくが定着《ていちゃく》 → **長期記《ちょうきき》おく**

一時的《いちじてき》に覚《おぼ》えた記《き》おく。
初《はじ》めて会《あ》う人《ひと》の名前《なまえ》や電話番号《でんわばんごう》など。

長期記《ちょうきき》おく

言葉《ことば》で表《あらわ》せない記《き》おく

泳《およ》ぎ方《かた》などくり返《かえ》し覚《おぼ》えたり、
行動《こうどう》にえいきょうをあたえる記《き》おく。

言葉《ことば》で表《あらわ》せる記《き》おく

意味記《いみき》おく

友《とも》だちの名前《なまえ》や計算《けいさん》の
しかたなど知識《ちしき》の記《き》おく。

3+2=5　漢字《かんじ》

エピソード記《き》おく

旅行《りょこう》など自分《じぶん》の経験《けいけん》に
関《かか》わりが深《ふか》い記《き》おく。

記《き》おくによって、過去《かこ》から現在《げんざい》にかけての自分《じぶん》を知《し》ることができ、自分《じぶん》がだれであるかを確認《かくにん》できるのじゃ
事故《じこ》や病気《びょうき》で、大脳《だいのう》にダメージを受《う》けると、記《き》おくする場所《ばしょ》がはたらかなくなることがある。そうすると、記《き》おくそう失《しつ》といって、記《き》おくを失《うしな》ってしまう場合《ばあい》があるのじゃ
記《き》おくは自分《じぶん》であるために、とても大切《たいせつ》な機能《きのう》なんだ！

P101のクイズの答《こた》え：❷条件反射《じょうけんはんしゃ》（解説《かいせつ》：レモンが酸《す》っぱいことを知《し》らない場合《ばあい》は、この反射《はんしゃ》は起《お》こらない。）

自分《じぶん》で判断《はんだん》するには？

この子《こ》の頭《あたま》は世界中《せかいじゅう》のインターネットにつながっていてぼう大《だい》な知識《ちしき》を持《も》つことができるのだ
そして人間《にんげん》がどんな時《とき》にどんなことを考《かんが》えるのか無数《むすう》のパターンを覚《おぼ》えることができる
その情報《じょうほう》を※AI《エーアイ》が判断《はんだん》してその時《とき》にふさわしい行動《こうどう》を取《と》ることができるのだ
※AI《エーアイ》とは「人工知能《じんこうちのう》」のこと。
人間《にんげん》の知的能力《ちてきのうりょく》をコンピューターでまねする技術《ぎじゅつ》。
すごい! まるで人間《にんげん》の赤《あか》ちゃんが少《すこ》しずつ言葉《ことば》や知識《ちしき》を吸収《きゅうしゅう》していくのと同《おな》じだね
ママー!
そうなのだ! AI《エーアイ》は新《あら》たな生命《せいめい》といってもまちがいじゃないのだ

その上《うえ》、人間《にんげん》よりじょうぶでこわれたらすぐに交《こう》かんできる
年《とし》を取《と》ることもじゅ命《みょう》が来《く》ることもない!
つまり完全体《かんぜんたい》!ムダが多《おお》い人間《にんげん》よりよっぽど優《すぐ》れているっていうわけなのだ
それって…
ムフーッ
今度《こんど》こそ完成《かんせい》なのだ!ワタシがつくった最初《さいしょ》のアンドロイドちゃん
完成《かんせい》ナノダー!
さ〜てひと仕事《しごと》終《お》えたしワタシはねるのだ!
ふわあっ
サンはしばらくその子《こ》と過《す》ごしてみたら?きっといい友《とも》だちになれるのだ
うん!ありがとうリラ
……

どうしてねむくなるの？

すいみんをコントロールする脳《のう》

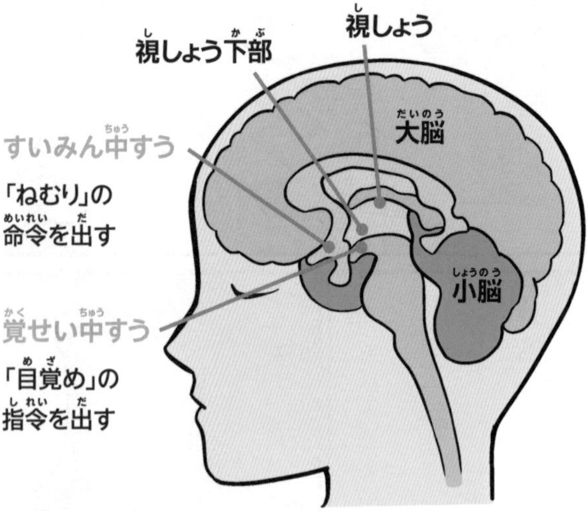

視《し》しょう下部《かぶ》
視《し》しょう
大脳《だいのう》
すいみん中《ちゅう》すう
「ねむり」の
命令《めいれい》を出《だ》す
小脳《しょうのう》
覚《かく》せい中《ちゅう》すう
「目覚《めざ》め」の
指令《しれい》を出《だ》す

昼間《ひるま》ずっと活動《かつどう》を続《つづ》けていると、脳《のう》や体《からだ》がとてもつかれてしまうのだ
すると、脳《のう》の視《し》しょう下部《かぶ》から「休《やす》め」という命令《めいれい》が出《で》る
それで、夜《よる》になるとねむくなるんだね

ねむっている間《あいだ》、脳《のう》はただ休《やす》んでいるだけじゃないぞ
昼間《ひるま》入《はい》ってきた情報《じょうほう》を整理《せいり》しているのじゃ。そうすることで、情報《じょうほう》を脳《のう》に記《き》おくすることができるのじゃ

ねている間《あいだ》に、夢《ゆめ》を見《み》るのはどうしてなのかな？

それも、昼間《ひるま》の情報《じょうほう》を整理《せいり》しているときに、関係《かんけい》のない記《き》おくがつながって、夢《ゆめ》として見《み》ているからだ

ねむりのリズム

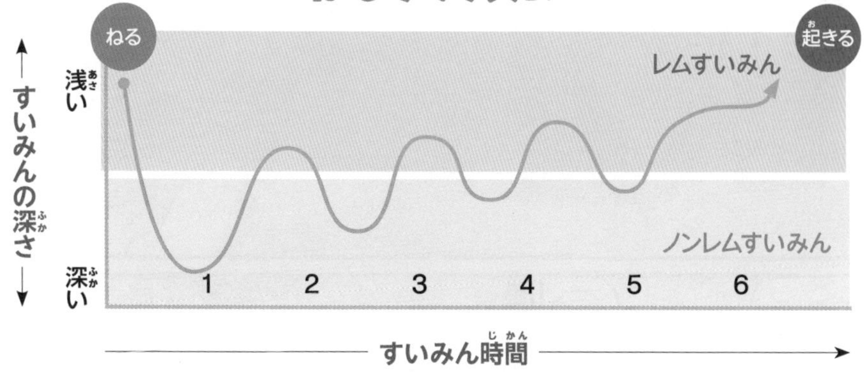

ねる
起《お》きる
浅《あさ》い
すいみんの深《ふか》さ
深《ふか》い
レムすいみん
ノンレムすいみん
1
2
3
4
5
6
すいみん時間《じかん》

ねむりには、長《なが》く深《ふか》いねむりのノンレムすいみんと、短《みじか》く浅《あさ》いねむりのレムすいみんがある。夢《ゆめ》を見《み》るのは、記《き》おくの整理《せいり》を行《おこな》っているレムすいみんのときじゃ。

カフェインという成分《せいぶん》が入《はい》っていると、ねむれなくなることがあるから気《き》をつけるのだ

クイズ

夜《よる》ねむれなくなる飲《の》み物《もの》はどれ？

❶コーヒー
❷紅茶《こうちゃ》
❸ココア

おうちの人《ひと》に聞《き》いてみるのデース

答《こた》えは109ページにあるよ。

そしてサンはアンドロイドと数日《すうじつ》いっしょに過《す》ごした
よ…よめない…
ハァハァ…
アンドロイドはつかれ知《し》らずですごいなぁ～
そうだ！少《すこ》しおどろかせてやろう
くくく…
ジャーン！ケムシだぞ～こわいだろう？
ちがいますそれはオオムカデです
……

勉強《べんきょう》の時間《じかん》
サッ
サッ
サッ
は…はやい…
宿題
こくご
全部《ぜんぶ》ひとりで解《と》いてしまう…
もっといっしょになやんだり考《かんが》えたりしたいのにな
うでずもう
バン
よ～しまたボクの勝《か》ちだ！
負《ま》けてばっかりでくやしいだろう？
いいえもう1回《かい》やりましょう
……
アンドロイドはいつも笑顔《えがお》でやさしくなんでもしてくれる…
ボクの最高《さいこう》の友《とも》だち
でも本当《ほんとう》はびっくりしたり勝負《しょうぶ》に負《ま》けてくやしがったりする姿《すがた》も見《み》てみたい

P107のクイズの答《こた》え：❶❷❸全部《ぜんぶ》（解説《かいせつ》：カフェインの成分《せいぶん》は、コーヒーだけではなく、紅茶《こうちゃ》や緑茶《りょくちゃ》、ココアにチョコレートなど、いろいろなものに入《はい》っている。）

リラの
研究《けんきゅう》ノート❹

研究《けんきゅう》テーマ

脳《のう》がだまされるって本当《ほんとう》?

ケース1 緑《みどり》の線《せん》はどっちが長《なが》い?

この2本《ほん》の矢印《やじるし》は、どちらが長《なが》いかわかるかな?
実《じつ》は、どちらも同《おな》じ長《なが》さなのだ。これはさっ覚《かく》といって、脳《のう》にかんちがいをさせているのだ

さっ覚《かく》とは…

図形《ずけい》などが、実際《じっさい》とは全《まった》くちがうように見《み》えること。

同《おな》じだ!

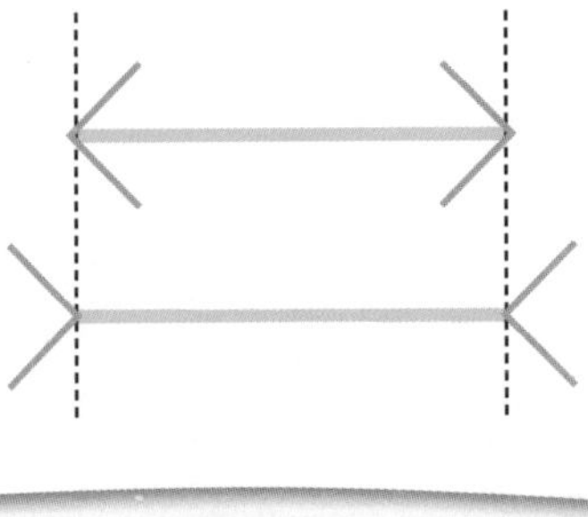

ホントデース!

ケース2　どっちの●が大《おお》きい?

真《ま》ん中《なか》の●の大《おお》きさはどちらも同《おな》じ。周《まわ》りを囲《かこ》む●の大《おお》きさによって、実際《じっさい》より大《おお》きく見《み》えたり小《ちい》さく見《み》えたりするのだ

ケース3　横線《よこせん》がかたむいているのはどれ?

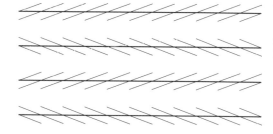

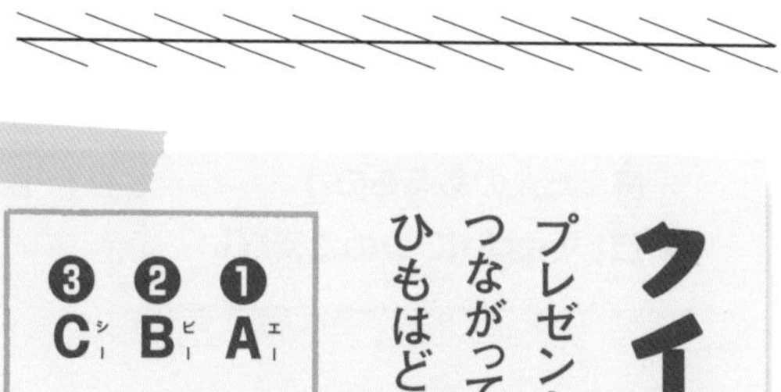

4本《ほん》の横線《よこせん》は、全《すべ》て平行線《へいこうせん》。しゃ線《せん》が細《こま》かく入《はい》ることでかたむいて見《み》えるのだ

クイズ

プレゼントにつながっているひもはどれ?

❶ A《エー》　❷ B《ビー》　❸ C《シー》

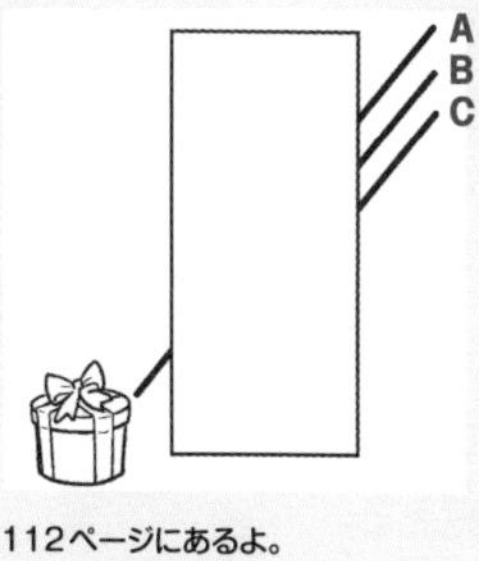

答《こた》えは112ページにあるよ。

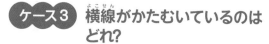

チャレンジテーマ

よくかんで集中力《しゅうちゅうりょく》をアップ!

よくかむと、脳《のう》がしげきされて、集中力《しゅうちゅうりょく》や記《き》おく力《りょく》がアップするのだ

食事《しょくじ》1口《くち》あたり
30回《かい》くらい
かんで食《た》べる!

野球選手《やきゅうせんしゅ》がガムをかんで試合《しあい》をしているけど、そのためだったんだね

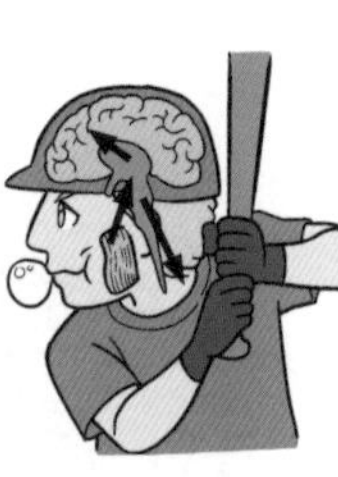

よくかむことは、だ液《えき》を増《ふ》やして口《くち》の中《なか》をきれいに保《たも》ったり、太《ふと》り過《す》ぎを防《ふせ》いだりするのじゃ

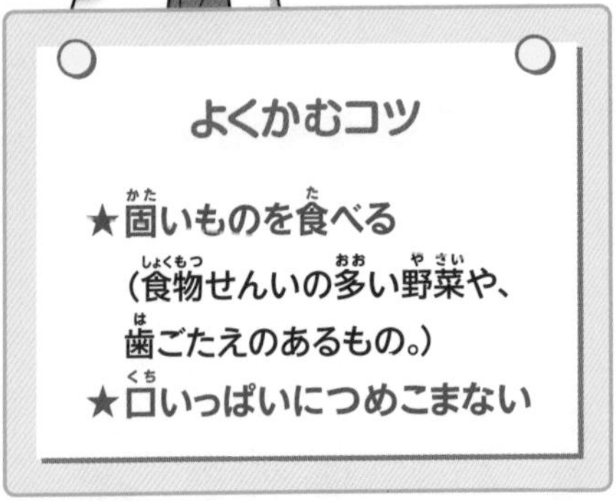

よくかむコツ

★固《かた》いものを食《た》べる
(食物《しょくもつ》せんいの多《おお》い野菜《やさい》や、
歯《は》ごたえのあるもの。)
★口《くち》いっぱいにつめこまない

かむ回数《かいすう》を気《き》にしすぎても、食事《しょくじ》を楽《たの》しめないぞ。無理《むり》せずチャレンジしてみるのだ!

P111のクイズの答《こた》え

❶ A《エー》　ポッゲンドルフさく視《し》。ななめの線《せん》が障害物《しょうがいぶつ》によってさえぎられたときに、線《せん》がずれているように見《み》える。

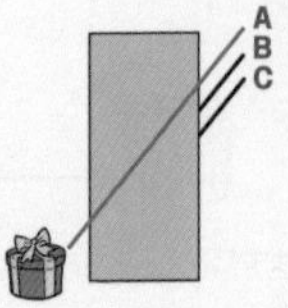

第《だい》5章《しょう》

心《こころ》と気《き》持《も》ち

人間《にんげん》には「心《こころ》」があるよね？

うーん…
じ〜っ
ギャー！何《なん》でワタシの寝室《しんしつ》に入《はい》ってきてるのだ！
キテルノダ
ここ寝室《しんしつ》だったの？
うるさい！ほっといて欲《ほ》しいのだ！
…でどうだった？L《エル》04は？
すごくいい子《こ》だよ

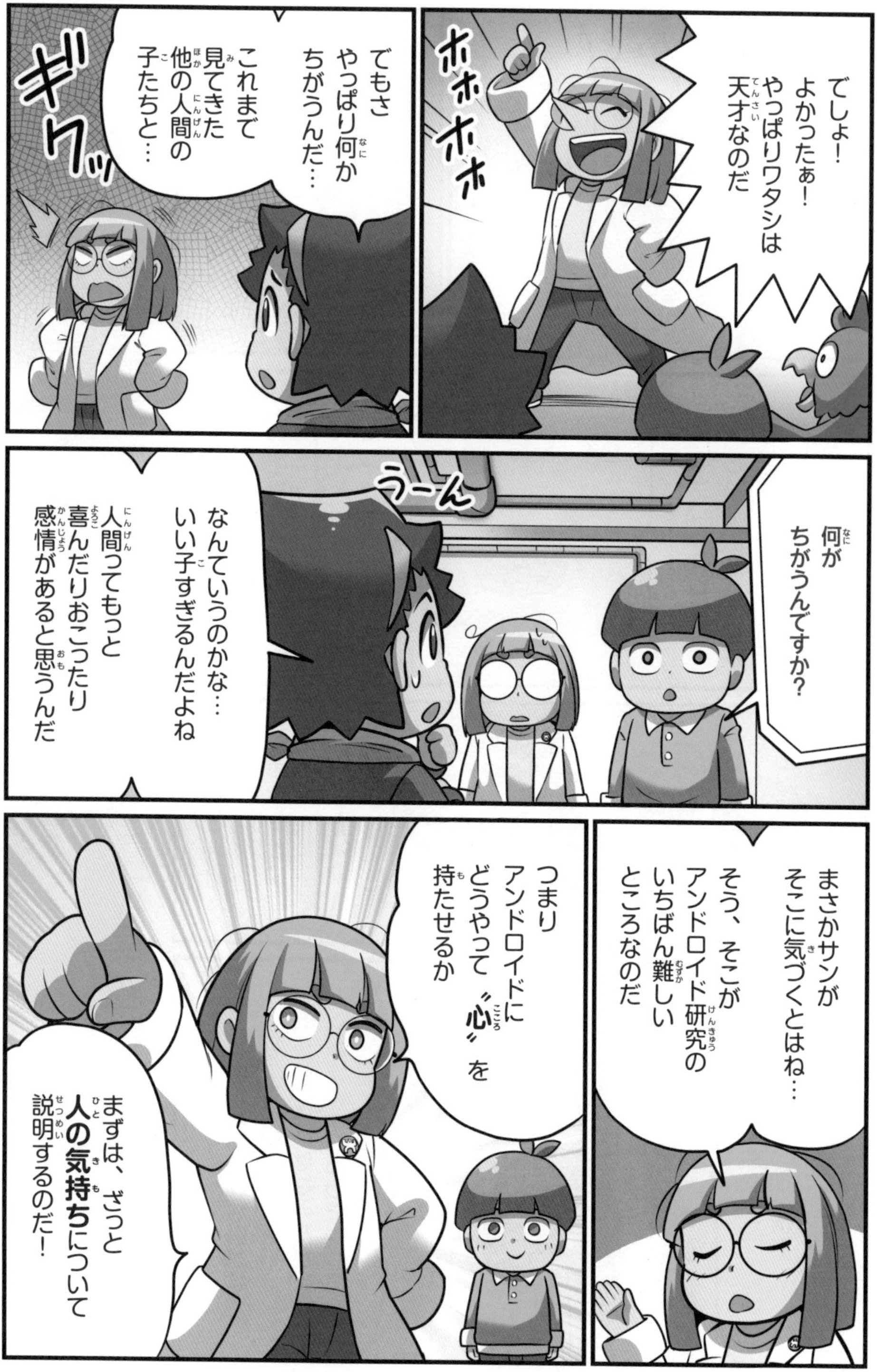
でしょ! よかったぁ! やっぱりワタシは天才《てんさい》なのだ
ホホホホ
でもさ やっぱり何《なに》か ちがうんだ…
これまで見《み》てきた他《ほか》の人間《にんげん》の子《こ》たちと…
ギクッ
何《なに》が ちがうんですか?
うーん
なんていうのかな… いい子《こ》すぎるんだよね
人間《にんげん》ってもっと喜《よろこ》んだりおこったり感情《かんじょう》があると思《おも》うんだ
まさかサンがそこに気《き》づくとはね…
そう、そこがアンドロイド研究《けんきゅう》のいちばん難《むずか》しいところなのだ
つまりアンドロイドにどうやって“心《こころ》”を持《も》たせるか
まずは、ざっと人《ひと》の気《き》持《も》ちについて説明《せつめい》するのだ!

「心《こころ》」はどこにあるの？

サンは人間《にんげん》の**心**《こころ》ってどこにあると思《おも》う？
心《こころ》かー。ハートっていうくらいだから心臓《しんぞう》のような気《き》もするし
考《かんが》えることでもあるから脳《のう》のような気《き》もするな。いったいどっちだろう？
心《こころ》は目《め》に見《み》えないからどこにあるかはわからない
だけど、〝うれしい〟〝悲《かな》しい〟といった気持《きも》ちは、脳《のう》でつくりだしていることがわかっているのだ
じゃあやっぱり心《こころ》は脳《のう》にあるってこと？
うーん、そうとも言《い》い切《き》れないかな。人《ひと》はうれしいときは笑《わら》い悲《かな》しいときにはなみだが出《で》る。心《こころ》が体《からだ》に表《あらわ》れるのだ
心《こころ》と体《からだ》は深《ふか》く結《むす》びついていて切《き》っても切《き》れない関係《かんけい》ってわけ

ファイル.5

人《ひと》の感情《かんじょう》

喜《き》怒《ど》哀《あい》楽《らく》の
表現《ひょうげん》の仕方《しかた》は、
人《ひと》によって
いろいろデース

哀《あい》

悲《かな》しい

喜《き》

喜《よろこ》ぶ

楽《らく》

楽《たの》しい

怒《ど》

おこる

どうしてうれしいと笑《え》顔《がお》になるの？

それにしても きたない部屋《へや》だなぁ
パッ
パッ
すぐ手《て》に届《とど》く ところに置《お》いてある だけなのだ
あれ？
大事《だいじ》な設計図《せっけいず》が ない!!
もう しかたないな～ 片《かた》づけを 手伝《てつだ》ってあげるよ
手伝《てつだ》います
きれいな 部屋《へや》もいいものなのだ！ ありがとうなのだ
喜《き》
ぐで〜
喜《よろこ》んでないで リラも片付《かたづ》けてよー

喜《き》

喜《よろこ》ぶ

笑顔《えがお》のメカニズム

脳《のう》から「セロトニン」「オキシトシン」という幸《しあわ》せを感《かん》じる物質《ぶっしつ》が出《で》て笑顔《えがお》になる。

プレゼントをもらった
うれしい！
脳《のう》から幸《しあわ》せを感《かん》じる物質《ぶっしつ》が出《で》る。
笑顔《えがお》になる
表情筋《ひょうじょうきん》を使《つか》う。
幸《しあわ》せだな～
笑顔《えがお》でいるとどんどん幸《しあわ》せな気持《きも》ちになる。

セロトニンやオキシトシンを増《ふ》やすには、朝日《あさひ》を浴《あ》びたり、運動《うんどう》をしたり、好《す》きなものにふれることが大事《だいじ》。

笑顔《えがお》をつくる表情筋《ひょうじょうきん》

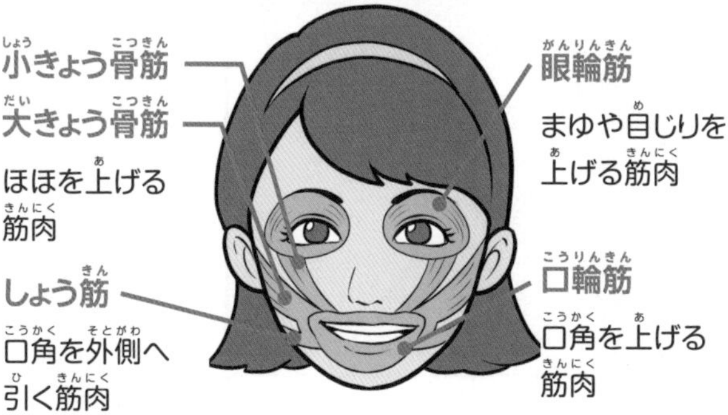
小《しょう》きょう骨筋《こつきん》
大《だい》きょう骨筋《こつきん》
ほほを上《あ》げる筋肉《きんにく》
しょう筋《きん》
口角《こうかく》を外側《そとがわ》へ引《ひ》く筋肉《きんにく》
眼輪筋《がんりんきん》
まゆや目《め》じりを上《あ》げる筋肉《きんにく》
口輪筋《こうりんきん》
口角《こうかく》を上《あ》げる筋肉《きんにく》

脳《のう》から命令《めいれい》を受《う》けて、表情筋《ひょうじょうきん》をつかって笑顔《えがお》をつくっているのだ

人間《にんげん》は他《ほか》の動物《どうぶつ》に比《くら》べて表情筋《ひょうじょうきん》が発達《はったつ》している。だから、顔《かお》だけでも感情《かんじょう》を表現《ひょうげん》することができるのじゃ
目《め》やほほ、口《くち》の表情筋《ひょうじょうきん》を動《うご》かして笑顔《えがお》をつくっているんだね

どうしておこると顔《かお》が赤《あか》くなるの？

さ〜て 実験《じっけん》の続《つづ》きを するのだ
あれ？ 設計図《せっけいず》が 足《た》りないのだ
せっけーず
どこに いったのだ？
あの らくがきみたいな絵《え》 設計図《せっけいず》だったのか
サン！ その顔《かお》、何《なに》か 知《し》ってるでしょう？
怒《ど》
し、知《し》らないよ！
答《こた》えるのだー！

怒《ど》

おこる

いかりのメカニズム

おこると自律神経《じりつしんけい》が乱《みだ》れて、心《しん》ぱく数《すう》や血圧《けつあつ》が上《じょう》しょう。
いかりは敵《てき》から自分《じぶん》を守《まも》るための本能的《ほんのうてき》な反応《はんのう》。

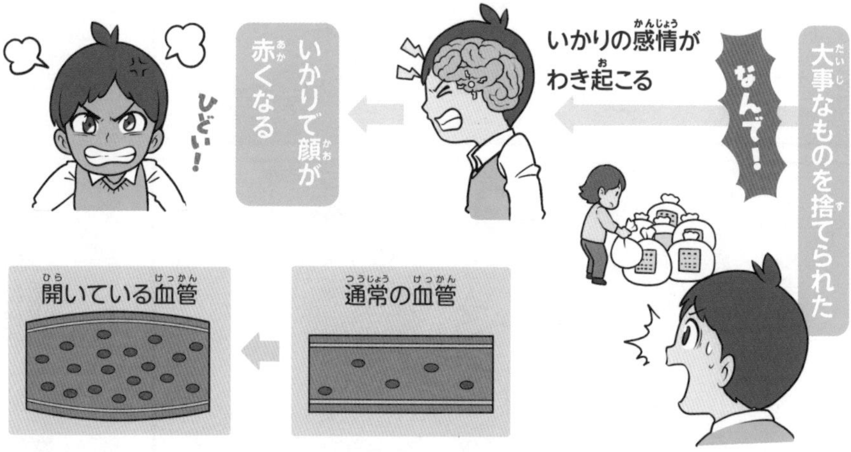
大事《だいじ》なものを捨《す》てられた
なんで!
いかりの感情《かんじょう》がわき起《お》こる
いかりで顔《かお》が赤《あか》くなる
ひどい!
通常《つうじょう》の血管《けっかん》
開《ひら》いている血管《けっかん》

気持《きも》ちが高《たか》ぶると自律神経《じりつしんけい》のはたらきで、血管《けっかん》が太《ふと》くなる。
顔《かお》の表面近《ひょうめんちか》くは皮《ひ》ふがうすいから、顔《かお》が赤《あか》く見《み》える。

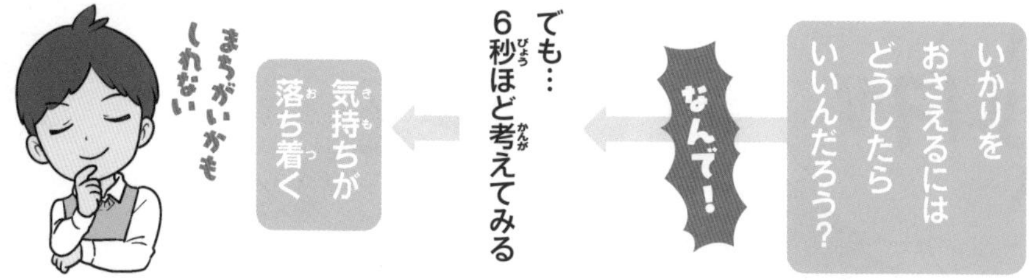
いかりをおさえるにはどうしたらいいんだろう?
なんで!
でも…6秒《びょう》ほど考《かんが》えてみる
気持《きも》ちが落《お》ち着《つ》く
まちがいかもしれない

いかりを感《かん》じてから、行動《こうどう》に出《で》る前《まえ》に「6秒《びょう》ほど待《ま》つ」といかりの感情《かんじょう》をおさえることができるのだ

1・2・3…

どうして悲《かな》しいとなみだが出《で》るの？

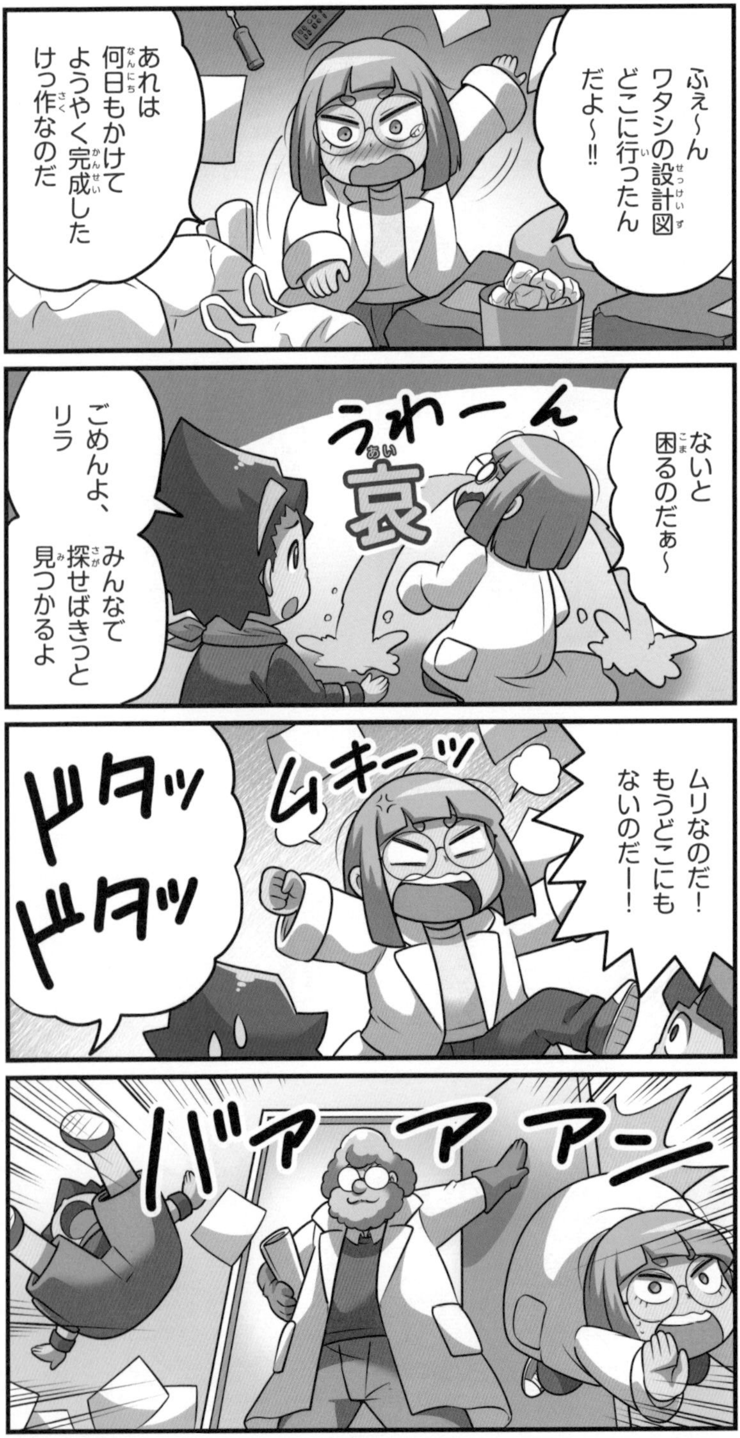
ふえ～ん
ワタシの設計図《せっけいず》
どこに行《い》ったん
だよ～!!
あれは
何日《なんにち》もかけて
ようやく完成《かんせい》した
けっ作《さく》なのだ
ないと
困《こま》るのだぁ～
うわーん
哀《あい》
ごめんよ、
リラ
みんなで
探《さが》せばきっと
見《み》つかるよ
ムリなのだ！
もうどこにも
ないのだー！
ムキーッ
ドタッ
ドタッ
バァアアー

哀《あい》

悲《かな》しい

悲《かな》しみのメカニズム

ショックなことがあったとき、自律神経《じりつしんけい》の副交感神経《ふくこうかんしんけい》がはたらき、血管《けっかん》がふくらんでなみだが出《で》る。

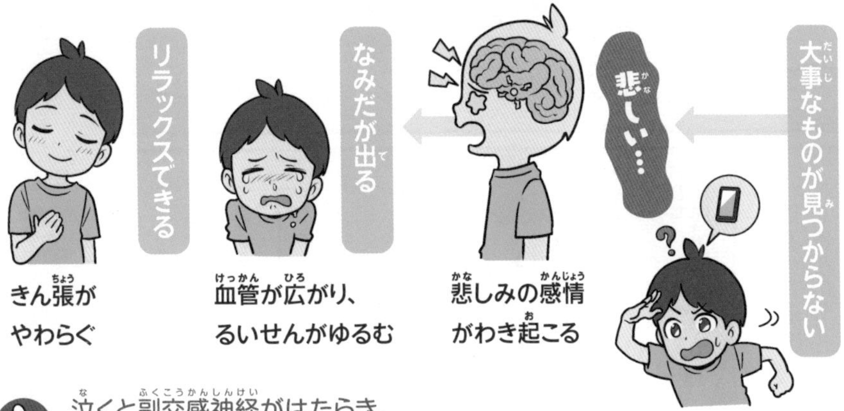
大事《だいじ》なものが見《み》つからない
悲《かな》しい…
悲《かな》しみの感情《かんじょう》がわき起《お》こる
なみだが出《で》る
血管《けっかん》が広《ひろ》がり、るいせんがゆるむ
リラックスできる
きん張《ちょう》がやわらぐ

泣《な》くと副交感神経《ふくこうかんしんけい》がはたらき、きん張《ちょう》がほぐれて不安《ふあん》が解消《かいしょう》される。

なみだが出《で》るしくみ

るいせん
るいのう
るい点《てん》
なみだ
鼻《はな》の中《なか》へ

なみだはるいせんでつくられて、常《つね》に目《め》の表面《ひょうめん》を流《なが》れているのだ
そこに悲《かな》しい感情《かんじょう》が加《くわ》わると、目《め》からなみだがあふれるのだ
感情《かんじょう》が高《たか》まりすぎると、体《からだ》に悪《わる》いので、休《やす》ませるために、脳《のう》はなみだを出《だ》す命令《めいれい》を出《だ》すのじゃ

確《たし》かに泣《な》くとスッキリするよね！

どうしていいことがあると楽《たの》しい気《き》分《ぶん》になるの？

リラ
やっぱり
ここにおったか
おじいちゃん…
ドアはやさしく
開《あ》けるのだ…
ホレ！
前《まえ》に借《か》りていた
設計図《せっけいず》だ
せっけーず
リラ
パアアッ
返《かえ》すのがおそくなって
すまんのう
よかった〜
見《み》つかった！
だきっ
ワタシの大事《だいじ》な
設計図《せっけいず》！
フフフ〜♪
絶対《ぜったい》に見《み》つかると
思《おも》ってたのだ〜
ラララ〜♪
楽《らく》
調子《ちょうし》が
いいデース

楽《らく》

楽《たの》しい

楽《たの》しいときのメカニズム

いいことがあると、脳《のう》が「ドーパミン」という
ごほうびの物質《ぶっしつ》を出《だ》して、気分《きぶん》がよくなる。

探《さが》していた物《もの》が見《み》つかった!
よかった!
脳《のう》が楽《たの》しくなる
ごほうびをくれる。
歌《うた》を歌《うた》う・音楽《おんがく》をきく
気分《きぶん》がよくなり、楽《たの》
しくなってきた。
楽《たの》しい!

楽《たの》しい気持《きも》ちは、集中力《しゅうちゅうりょく》がアップし、やる気《き》スイッチにもなる。

脳波《のうは》の種類《しゅるい》

脳波《のうは》は脳《のう》から出《で》ている電気信号《てんきしんごう》のことで、
そのときの精神《せいしん》の状態《じょうたい》を表《あらわ》している。

ベータ波《は》　きん張《ちょう》しているとき、不安《ふあん》なとき

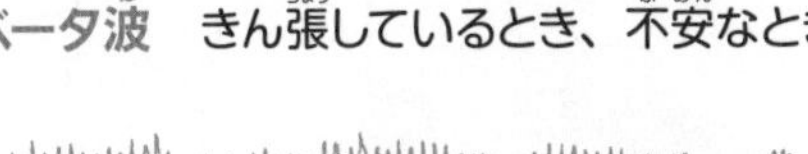

アルファ波《は》　リラックスしたとき、集中《しゅうちゅう》したとき

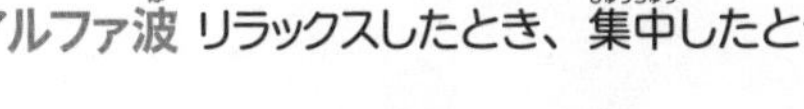

シータ波《は》　おもに浅《あさ》いねむりのとき

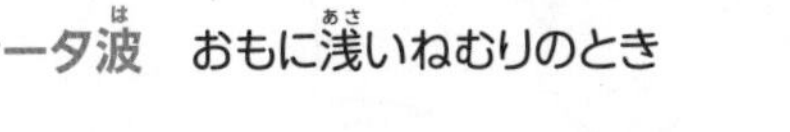

デルタ波《は》　おもに深《ふか》いねむりのとき

アルファ波《は》は、
鳥《とり》の鳴《な》き声《ごえ》や
川《かわ》のせせらぎなど、
心地《ここち》よい音《おと》を聞《き》いた
ときに出《で》るのじゃ

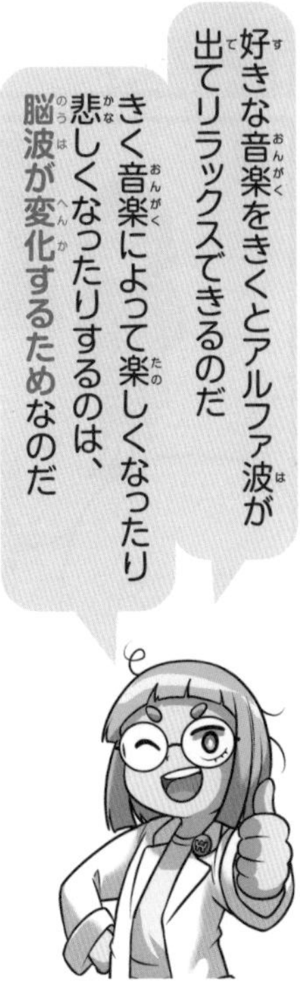
好《す》きな音楽《おんがく》をきくとアルファ波《は》が
出《で》てリラックスできるのだ
きく音楽《おんがく》によって楽《たの》しくなったり
悲《かな》しくなったりするのは、
脳波《のうは》が変化《へんか》するためなのだ

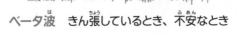

喜《き》怒《ど》哀《あい》楽《らく》だけじゃない気《き》持《も》ちって?

こういうふうに整理《せいり》されると人《ひと》の心《こころ》も意外《いがい》と簡単《かんたん》だね!
フシュー
な・ん・で・すって~?
そんなに簡単《かんたん》だったらとっくにアンドロイドは完成《かんせい》しているのだ!
人間《にんげん》の心《こころ》はもっと複雑《ふくざつ》!ここからが大変《たいへん》なのだ!
そ、そうなんだわかったよ…
そういえば学校《がっこう》で自分《じぶん》の考《かんが》えたことを発表《はっぴょう》するときにすごくモジモジしている子《こ》がいたんだよね
発表会《はっぴょうかい》
モジ
モジ
あれはどういう気持《きも》ちだったのかな?
もしかして人間《にんげん》の心《こころ》と関係《かんけい》しているのかな?

その子《こ》はきっときん張《ちょう》していたのだ うまく話《はな》せなかったらはずかしいって考《かんが》えたのかもしれない
みんながぼくを見《み》てる…
ドキ ドキ
笑《わら》われたらどうしようまちがったらはずかしいな…
サンは発表会《はっぴょうかい》できん張《ちょう》しなかったの？
ぜ～んぜん平気《へいき》！
よゆー！
だって自分《じぶん》の考《かんが》えたことを話《はな》すだけだもん リラもそうでしょ？
そりゃもちろんきん張《ちょう》なんてしないのだ
えっへん
なにせワタシは天才少女《てんさいしょうじょ》だから失敗《しっぱい》もしないのだ！

人間《にんげん》の心《こころ》はとても複雑《ふくざつ》？

喜《き》怒《ど》哀楽《あいらく》の他《ほか》にも、人間《にんげん》にはもっといろいろな感情《かんじょう》があるのだ
人間《にんげん》は、大脳新皮質《だいのうしんひしつ》が他《ほか》の動物《どうぶつ》より発達《はったつ》していて、より複雑《ふくざつ》な考《かんが》えをして行動《こうどう》をすることができる

学校《がっこう》でもこんなシーンや表情《ひょうじょう》を見《み》たことがあるぞ

幸《しあわ》せ

満《み》ち足《た》りていて、不満《ふまん》がないとき感《かん》じるのが「幸《しあわ》せ」。望《のぞ》みやうれしいことは人《ひと》それぞれなので、人《ひと》の数《かず》だけ「幸《しあわ》せ」はある。

期待《きたい》

他《ほか》の人《ひと》が何《なに》かをしてくれるのを当《あ》てにして心待《こころま》ちにするのが「期待《きたい》」。期待《きたい》にこたえてもらえるとうれしいし、期待《きたい》が外《はず》れると悲《かな》しくなる。

他《ほか》にも、大好《だいす》きなおやつを
小《ちい》さい子《こ》にゆずったり、
悲《かな》しくて泣《な》きたいのに
人《ひと》が見《み》ていてはずかしいから
泣《な》くのをがまんすることが
あるじゃろ?
数《かぞ》え切《き》れないほど
いろいろな感情《かんじょう》が
ありそうデース

きょうふ

「**きょうふ**」とはこわいと思《おも》うこと。自分《じぶん》より力《ちから》の強《つよ》い者《もの》や、正体《しょうたい》がわからないオバケなど、きょうふを感《かん》じることで危険《きけん》から身《み》を守《まも》っている。

優越感《ゆうえつかん》

100

他《ほか》の人《ひと》よりも自分《じぶん》がすぐれていると感《かん》じて心地《ここち》よくなるのが「**優越感《ゆうえつかん》**」。自分《じぶん》の能力《のうりょく》だけではなく、自分《じぶん》の持《も》ち物《もの》などでも感《かん》じる。

罪悪感《ざいあくかん》

社会《しゃかい》ルールや道徳《どうとく》から外《はず》れた行《おこな》いをとったときに自分《じぶん》を責《せ》める感情《かんじょう》が「**罪悪感《ざいあくかん》**」。ウソをついてしまったときなどに起《お》こる感情《かんじょう》。

しっと

他《ほか》の人《ひと》が自分《じぶん》よりめぐまれていたり、すぐれていることに対《たい》して、うらやましく思《おも》ったりねたんだりすることが「**しっと**」。

時《とき》と場《ば》合《あい》で気《き》持《も》ちも変《か》わる?

どうしてボクははずかしいとか思《おも》わないんだろう?
?
ギクッ
そ、それは人間《にんげん》って言《い》ってもみんな一人《ひとり》ひとり性格《せいかく》がちがうから感《かん》じ方《かた》もそれぞれなんじゃないかな?
?
そっかーじゃあそういう気持《きも》ちになる人《ひと》もならない人《ひと》もいるんだね
ハハハー…
人間《にんげん》は同《おな》じ言葉《ことば》を言《い》われてもその相手《あいて》や場合《ばあい》によってちがう気持《きも》ちになったりすることもあるのだ
それってどういうこと?

5 心《こころ》と気《き》持《も》ち

ケース❶

自分《じぶん》がかいた絵《え》をほめられる

上手《じょうず》だね

ふつうの友《とも》だちから言《い》われた場合《ばあい》

ほめられた! うれしい!

絵《え》のうまい友《とも》だちから言《い》われた場合《ばあい》

自分《じぶん》のほうが上手《じょうず》なくせにイヤミかな?

「だれ」に言《い》われるかで、気《き》持《も》ちが変《か》わる!

ケース❷

ひとり教室《きょうしつ》で本《ほん》を読《よ》んでいる

ひとりで過《す》ごしているの?

自分《じぶん》が大好《だいす》きな物語《ものがたり》に夢中《むちゅう》で読書《どくしょ》をしている場合《ばあい》

何《なん》とも思《おも》わない

自分《じぶん》が遊《あそ》ぶ友《とも》だちがいなくて、しかたなく本《ほん》を読《よ》んでいる場合《ばあい》

悲《かな》しい気《き》持《も》ちになる

「どんなとき」に言《い》われるかで、気《き》持《も》ちが変《か》わる!

同《おな》じ言葉《ことば》でも、だれに、どんな場合《ばあい》に言《い》われたかで、ちがう気《き》持《も》ちになるんだね

感《かん》じ方《かた》も人《ひと》それぞれ。キミならどう感《かん》じるかな?

人間《にんげん》はいろいろな気持《きも》ちや感情《かんじょう》を持《も》っているんだね
でも、しっとや罪悪感《ざいあくかん》などなくてもいいようなムダなものもたくさんあるのだ
確《たし》かにリラの言《い》うとおり
そのムダなものをアンドロイドに覚《おぼ》えさせることって本当《ほんとう》に必要《ひつよう》だと思《おも》う？
うーん‥
……
でもさ、それが〝人間《にんげん》らしさ〟だと思《おも》うんだよね

ムダかも知《し》れないけど
多《おお》くの人《ひと》はそういう
感情《かんじょう》を持《も》っているんだよね
そんな人間《にんげん》たちと
いっしょに
生《い》きていくために
アンドロイドにいろいろな
気持《きも》ちをインプットして
おくのはムダでは
ないんじゃないかな
だって自分《じぶん》に感情《かんじょう》がないと
相手《あいて》の気持《きも》ちを
わかってあげられないし…
共感《きょうかん》ってことか
なるほど
確《たし》かにそうなのだ
リラだって
おじいちゃんの
発明《はつめい》にしっとすることも
あるでしょ？
だからこそ
おじいちゃんに
負《ま》けないように日々《ひび》
がんばっている
つまり
しっとの気持《きも》ちも
ムダじゃないって
ことだよ！
ハッ…

ワ、ワタシのことはいいのだ!
要《よう》するに人間《にんげん》の心《こころ》っていうのはとても複雑《ふくざつ》で
今《いま》のワタシにはそれをアンドロイドにインプットすることは無理《むり》なのだ
L《エル》04が気《き》に入《い》らないならここに置《お》いていけばいいのだ
いや しばらく預《あず》かってもいいかな?
ちょっと変《か》わってる子《こ》だけどホントの友《とも》だちになれると思《おも》うんだ
この子《こ》はこれからいろんなことを学習《がくしゅう》していくんでしょ?
もしかしたら、そのうち心《こころ》だって通《かよ》うかもしれない
この子《こ》を見《み》ていると自分《じぶん》を見《み》ているような気持《きも》ちになるんだ
ヒソ
ヒソ
ボクも〝ちょっと変《か》わってる〟って言《い》われるから
サン、ごめん…
友《とも》だちをつくってあげるなんて言《い》ったのに期待《きたい》していたのとちがったよね?

ううん、きっと友《とも》だちって最初《さいしょ》から友《とも》だちなんじゃなくて“友《とも》だちになっていく”ものなんだよね
それによく考《かんが》えたらボクはリラっていう最高《さいこう》の友《とも》だちがいることに気《き》づいたんだ
フン…またいつでも来《き》ていいのだ！L《エル》04の調子《ちょうし》が悪《わる》くなった時《とき》にでも
そういえばこの子《こ》そんな機械《きかい》みたいな名前《なまえ》じゃなくてもっといい名前《なまえ》はないの？
そうだな、L研究所《エルけんきゅうじょ》の4番目《ばんめ》のアンドロイドだから“ヨン”って呼《よ》んであげて
うん！
L研究所《エルけんきゅうじょ》
じゃあね、リラ！また来《く》るね！
たったったっ
L《エル》03
ヒラ…

リラの
研究《けんきゅう》ノート5

研究テーマ

きん張《ちょう》をほぐすには?

不安《ふあん》やいかりを感《かん》じると、自律神経《じりつしんけい》の交感神経《こうかんしんけい》が活発《かっぱつ》になって、心臓《しんぞう》の動《うご》きをはやめたり、あせをかいたり、血圧《けつあつ》を上《あ》げたりする。

このドキドキして、落《お》ち着《つ》かない状態《じょうたい》を「きん張《ちょう》」というのだ

みんなの前《まえ》で発表《はっぴょう》するときさん張《ちょう》していた子《こ》も、体《からだ》の中《なか》で交感神経《こうかんしんけい》が活発《かっぱつ》になっていたんだね

ほかにも、きん張《ちょう》すると、顔《かお》が真《ま》っ赤《か》になったり、おしっこをしたくなったり、頭《あたま》が真《ま》っ白《しろ》になったりと、困《こま》ったことが体《からだ》に表《あらわ》れるのじゃ

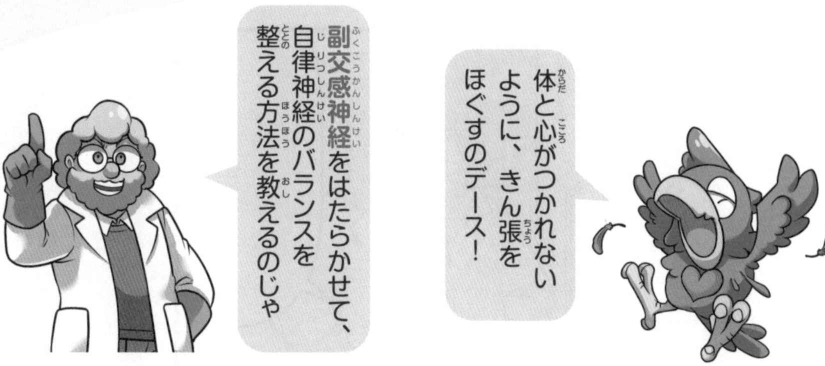
副交感神経《ふくこうかんしんけい》をはたらかせて、自律神経《じりつしんけい》のバランスを整《ととの》える方法《ほうほう》を教《おし》えるのじゃ
体《からだ》と心《こころ》がつかれないように、きん張《ちょう》をほぐすのデース!

自分《じぶん》の体《からだ》で確《たし》かめてみよう!

チャレンジ

深呼吸《しんこきゅう》をする

短《みじか》く浅《あさ》い呼吸《こきゅう》は交感神経《こうかんしんけい》をはたらかせるので、深《ふか》くゆっくりと深呼吸《しんこきゅう》をしてみよう。

チャレンジ

ストレッチする

きん張《ちょう》をすると、手足《てあし》の指先《ゆびさき》やおなかが冷《つめ》たくなる。体《からだ》を動《うご》かすことで、血行《けっこう》をよくして、体《からだ》を温《あたた》めよう。

チャレンジ

笑顔《えがお》をつくる

笑《わら》うことで副交感神経《ふくこうかんしんけい》が優位《ゆうい》になり、ストレスが減《へ》るといわれている。顔《かお》の筋肉《きんにく》をゆるませると、副交感神経《ふくこうかんしんけい》がはたらきやすくなる。

エピローグ

いろいろな経《けい》験《けん》が人《ひと》をつくる！

どうだい サンのようすは？
やっぱり おじいちゃんは すごいのだ サンを見《み》て アンドロイドだって だれも気《き》づかないのだ
話《はなし》は聞《き》こえていたぞ。苦労《くろう》している ようじゃの、リラ
人間《にんげん》って本当《ほんとう》に複雑《ふくざつ》～ 体《からだ》のしくみもすごいけど、〝心《こころ》〟のほうは もっと難《むずか》しそうなのだ
人間《にんげん》の心《こころ》は とても複雑《ふくざつ》なんじゃ
楽《らく》
哀《あい》
そもそも〝心《こころ》〟が いったいなんなのかが研究《けんきゅう》でも よくわかってないからのぉ

L03《サン》ってすごく よくできてるのだ 本当《ほんとう》に人間《にんげん》みたい
ぷはぁ、
ジュースを飲《の》んで 〝おいしい〟って言《い》ってた。 細《こま》かいところまで インプットしているのだ
心《こころ》についてもそう… まさかワタシが アンドロイドから 〝人間《にんげん》らしさ〟を 教《おそ》わるなんて…
くやしいけど おじいちゃんには まだまだ かなわないのだ
ははは L《エル》01とL《エル》02の 反省《はんせい》を生《い》かして 人間《にんげん》の体《からだ》と心《こころ》について 知《し》る限《かぎ》りインプット したんじゃ
さらに人《ひと》との 関《かか》わりの中《なか》で どんどん新《あたら》しいことを 学《まな》んでいくように プログラム してあるからのぉ
ははは
ワシって天才《てんさい》!
うぬぼれないのだ!

それでもやっぱり周《まわ》りの人間《にんげん》にはなじめないみたいなのだ
友《とも》だちが欲《ほ》しいってワタシのところに相談《そうだん》に来《き》たんだから
ぽつん‥
うーむ そうだったのか
やはり完全《かんぜん》な人間《にんげん》をつくるにはもっと研究《けんきゅう》が必要《ひつよう》みたいじゃ
やっぱりアンドロイドに〝心《こころ》〟を持《も》たせるなんて無理《むり》なのだ
それはちがうぞ、リラ。人間《にんげん》だって生《う》まれたときから心《こころ》が完成《かんせい》されているわけじゃない
いろいろな経験《けいけん》や勉強《べんきょう》をしてそれを自分《じぶん》の中《なか》に取《と》り入《い》れることでだんだん心《こころ》ができていくんじゃ
たくさんの人《ひと》の行動《こうどう》を学習《がくしゅう》していくAI《エーアイ》と何《なに》も変《か》わらないと思《おも》わんか？

今《いま》はできなくてもきっと近《ちか》い将来《しょうらい》人《ひと》の心《こころ》を持《も》ったアンドロイドはできる
少《すく》なくとも発明家《はつめいか》が無理《むり》なんて口《くち》にしてはいかん
あーあ、本当《ほんとう》に人間《にんげん》ってすごく複雑《ふくざつ》ですごく良《よ》くできててそれでいてすごくムダが多《おお》くていやになっちゃう
でも、そこがすごくみりょく的《てき》じゃろ?
さあて、久《ひさ》しぶりにいっしょにスイーツでも食《た》べにいくか
研究《けんきゅう》でいそがしい! ワタシはそんなムダなことはしないのだ!
ムキーッ
……
ぐぅ〜
待《ま》つのだー少《すこ》しくらいならつきあえるのだ!
おしまい

おわりに（おうちのかたへ）

「わかる」ための生きた学びとは

「ランゲルハンス島」ってご存じですか？

よく知っているかた、聞いたことはあるというかた、「どこの国？」と思っているかた、さまざまだと思います。

私が脳内検索すると、「すい臓」と「血糖値」という関連ワード、そして「高校の生物の先生の顔」が関連画像としてヒットします。でも、それだけなのです。その言葉を一応〝知っている〟のですが、何がどうなって血糖値に関わっているのか私は〝わかっていない〟のです。

〝わかる〟というのは、説明したり活用したりできるような生きた学びです。そのような生きた学びに欠かせないのが、学びの文脈です。本書の登場人物は、「人間をつくりたい」という文脈の中で、さまざまな知識に出会っていきます。読者の子どもたちが実際にアンドロイドをつくるのは難しいことですが、この本の文脈に乗っかれば、解説で出てくるいろいろな言葉も〝わかる〟ものになるのではないかと思います。

私にとっての「ランゲルハンス島」にならないよう、意味なく難しい言葉を並べることは避けました。言葉を覚えるのではなく、〝人間の体と心ってこうなってんだな〜〟と、ざっくりわかっていることが大切なのです。その中で、必要な言葉は自然と頭に残ることでしょう。

東京学芸大学附属世田谷小学校教諭　木村翔太

監修・アイデア　木村翔太

東京学芸大学附属世田谷小学校教諭

東京学芸大学大学院 教育学研究科修了。体育、英語を中心に全教科の授業を行いながら、「当たり前を問う面白さ」を学ぶ「てつがくラボ」の選択授業を担当。「正しさより面白さ」を教育の現場で実践する。東京学芸大こども未来研究所学術フェローを兼務。自治体主催の子育て講座などの講師も務める。

参考資料　『学研の図鑑　LIVE（ライブ）ポケット⑱人体』阿部和厚／監修（学研プラス）
『やさしくわかる子どものための医学　人体のふしぎな話365』坂井建雄／監修（ナツメ社）
『ひみつはっけん！からだのふしぎ』笹山雄一／監修（世界文化社）
「アフリカゾウはイヌの２倍、ヒトの５倍もの嗅覚受容体遺伝子を持つ〜ゲノムの比較が明らかにした哺乳類の嗅覚受容体遺伝子の多様性〜（東京大学大学院農学生命科学研究科）」（科学技術振興機構のHPより）

写真提供　getty images

スタッフ　イラスト・マンガ／スリーペンズ
AD／大藪胤美（フレーズ）
装丁／五味朋代（フレーズ）　本文デザイン／横地綾子（フレーズ）
編集／米原晶子　構成・文／上村ひとみ

小学生が身につけたい！考えるチカラ　体と心のしくみって？

発　行　人　西村俊彦
編　集　人　田上恵一
編　集　長　内海恵美香
販　　　売　入内島亘、松岡亜希
制　　　作　吉田大輔
校　　　閲　山本美智子
D　T　P　東京カラーフォト・プロセス株式会社
印刷・製本　共同印刷株式会社

2024年3月30日　初版第1刷発行
発行：株式会社ベネッセコーポレーション
〒206-8686 東京都多摩市落合1-34

【お問い合わせ】
サンキュ！ホットライン　TEL 0120-88-5039（通話料無料）
受付時間：土・日・祝日・年末年始を除く、10:00〜12:00／13:00〜17:00

【販売に関するお問い合わせ】
TEL 0120-050-535（受注センター）土・日・祝日・年末年始を除く